REMERCIEMENTS:

A tous les auteurs pour leur précieuse collaboration

Au Ministère de la culture et de la communication/
Délégation aux arts plastiques, qui a permis
la réalisation de ce livre

LE PALAIS DE TOKYO, site de création contemporaine,
bénéficie du soutien de:
→ Ministère de la culture et de la communication/
Délégation aux arts plastiques
→ Caisse des dépots et consignations
→ Pioneer
→ illycaffè
→ Habitat

PALAIS DE TOKYO
Site de création contemporaine

TOKYOBOOK 1

QU'ATTENDEZ-VOUS D'UNE INSTITUTION ARTISTIQUE
DU 21E SIECLE?

PALAIS DE TOKYO
Site de création contemporaine

13, avenue du Président Wilson F-75116 Paris
T+33 1 4723 5401 F+33 1 4720 1531
contact@palaisdetokyo.com
www.palaisdetokyo.com

Directeurs de publication: Jérôme Sans et Marc Sanchez

Edition préparée par: Vincent Honoré

Textes réunis par: Eric Binnert, David Cascaro,
Sandra Cattini, Florence Derieux, Federica Flamigni,
Anne-Sophie de Gasquet, Eloïse Guénard, Amiel Grumberg,
Vincent Honoré, Nadège Mézou, Akiko Miki, Catherine
Sentis, Marc Sanchez, Jérôme Sans, Claire Staebler
et Agnès Vielhauer

Traductions françaises: Hoa Nguyen, Paris
Traductions japonaises: Nao Denis-Hayaschi, Paris

Conception graphique: M/M Paris

ISBN 2-84711-000-3
Impression: imprimerie Balauze et Marcombe, Canéjan
Diffusion Europe francophone: Images Modernes
Achevé d'imprimé le 01 mars 2003
Dépôt légal: deuxième trimestre 2001
Première édition: 2001
Deuxième édition: 2002
Troisième édition: 2003
© 2001 Palais de Tokyo et les auteurs

POURQUOI CE LIVRE?

Pour poser à certains protagonistes de la création
actuelle une question qui nous préoccupe tout
particulièrement.

Pour donner la parole à tous ceux qui, comme nous,
ont rêvé et rêvent encore d'institutions différentes:
lieux-laboratoires, terrains d'aventures, ouverts
aux questions, aux contradictions, aux risques.

Pour camper le cadre général du Palais de Tokyo que nous
voulons placer au plus près des pratiques artistiques
actuelles, et dont nous voulons préserver les capacités
de transformation au fil du temps. Car ce projet n'est
pas le produit d'un dogme ou d'une théorie, mais il est
fait d'expériences, de rencontres, d'interrogations.

Ce premier ouvrage veut témoigner de cette disponibilité,
premier élément d'une série de scénarios qui vont se
développer pendant les trois premières années de notre
présence au Palais de Tokyo.

Jérôme Sans & Marc Sanchez

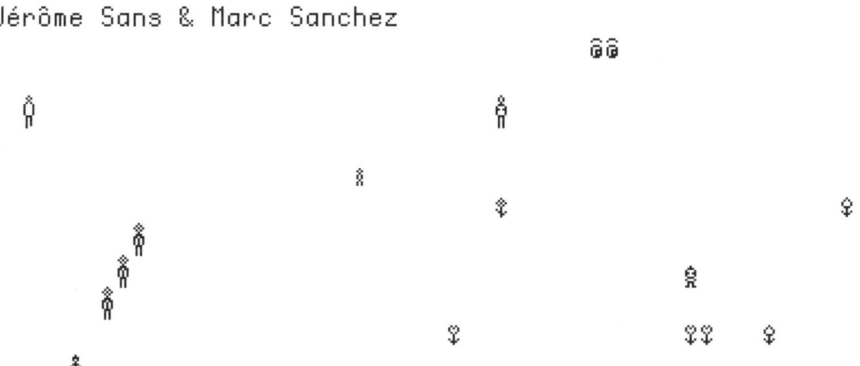

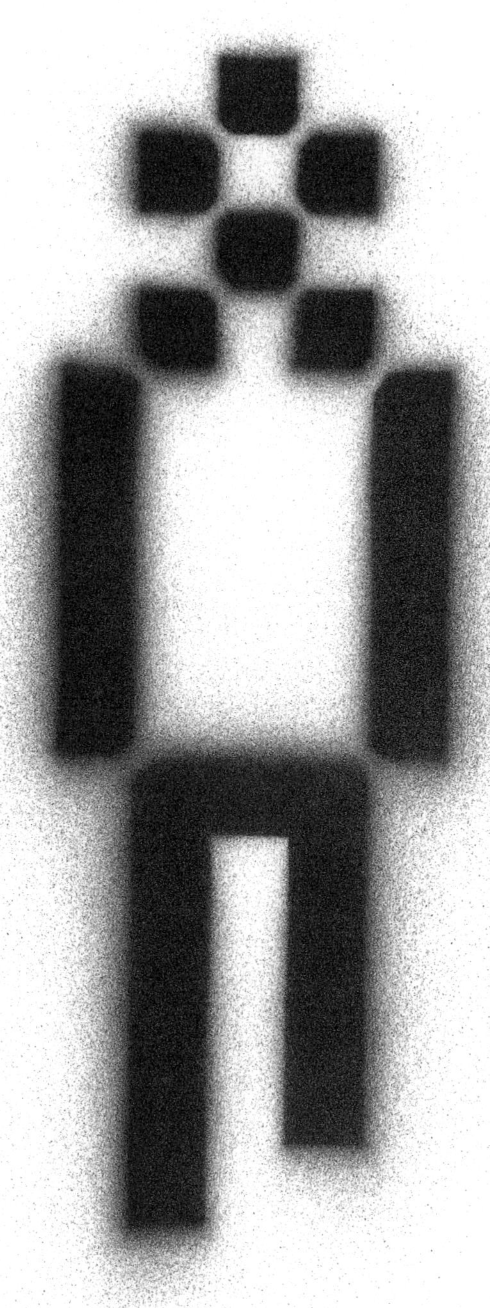

Ô UNE BARQUE POUR DÉCOUVRIR LE MONDE,
sinon on y va à la nage.[1]

---

[1] MÉLIK OHANIAN, Artiste.

UNE INSTITUTION DEVRAIT ETRE FLEXIBLE, avec des moyens financiers indépendants des instances politiques ou économiques, et ouverte aux artistes et curators extérieurs.[1]

ET SI L'INSTITUTION DISPARAISSAIT tout simplement de la circulation?[2]

IMPOSSIBLE DE PRÉVOIR LE FUTUR de l'institution artistique. Une prévision, cela suppose une position d'observateur. En tant que sujet agissant, je considère les choses ainsi: l'institution artistique est le sujet créateur et l'artiste n'en est qu'un collaborateur. La «qualité» qui en émerge dépend de l'imagination de chaque membre de l'équipe.[3]

ABANDONNER LES ATTITUDES ARROGANTES et racistes héritées du colonialisme et adopter une attitude ouverte aux arts visuels du monde entier. S'affranchir des vieilles catégories pour être réceptif aux propositions d'ici ou d'ailleurs, stimulantes ou saugrenues, qui allument les sens, excitent l'imagination et provoquent l'émotion.[4]

MAIS QU'ELLE S'ENGAGE, BON DIEU!!! J'en ai ras le bol du contemporain à la mode rétrospective (François Morellet n'est pas un jeune artiste qui monte). Le courage est la vertu la plus absente des institutions, soumises aux «bons sens» d'une bravoure politique inexistante. Que l'on en finisse avec ce devoir «d'acquittement» des fonctionnaires conservateurs, que l'on devrait plutôt appeler des observateurs. Ce nouveau siècle verra-t-il la fin des caprices du sentiment mou? Tiens, un exemple: Aujourd'hui Vivendi devient l'un des premiers acteurs mondiaux du cinéma: Que voyons-nous sur un écran de 4m par 3? La tête du Johnny national dans un ordinateur portable… Alors le rêve c'est ça? Le futur du cinéma c'est le sandwich entre deux pubs télé?

---

[1] KOO JEONG-A, Artiste. [2] HPASCALE MARTHINE TAYOU, Artiste. [3] TATSUO MIYAJIMA, Artiste.
[4] JEAN-HUBERT MARTIN, Directeur général, Museum Kunst Palast, Düsseldorf.

Et quelle est la riposte de l'institution? Je te la donne: On va enfin dépoussiérer la collection Henry Langlois! Bravo!![1]

✳ UNE INSTITUTION DOIT REFLÉTER SON ENVIRONNEMENT. C'est sa responsabilité. Même au 21e siècle…[2]

✙ D'UNE PART, que ce ne soit pas une institution. Les neuf dixièmes des institutions d'art contemporain (inclus le FNAC en France, le Metropolitan Museum ou la Tate Gallery) furent conçus et construits au 19e siècle. Ceci provoque le fait qu'on n'arrête pas de se débrouiller aujourd'hui avec des institutions qui ont été conçues pour autre chose que l'art actuel. Les murs ne sont pratiquement jamais adaptés à ce qu'on veut montrer aujourd'hui. En même temps, aucun geste architectural n'a été convaincant, en matière muséologique, ces dernières décennies. Bilbao est un échec spectaculaire. Nouvel, c'est pire. La seule chose qui restera, c'est un musée très personnel, fou, construit autour d'une relation forte entre des artistes et des curators. Dans ce domaine, on ne peut pas être suffisamment radical. Faites votre folie, le plus follement possible. Surtout: si vous réussissez à créer ce lieu qu'on appelle tous de nos vœux – très grand chapeau![3]

♁ JE SOUHAITE que ce soit un lieu où on ne puisse pas oublier le sens du toucher, d'autant plus que cette époque d'ordinateurs et d'Internet nous prive de plus en plus de contact physique.[4]

♀ LOIN DE LA SIMPLE GESTION D'UN ACQUIS, le soutien à l'art contemporain comporte une part nécessaire d'audace, une prise de risque aussi, qui donneront toute sa valeur à l'engagement actif de l'institution aux côtés des artistes et de la liberté de création. Pour cet engagement, pour cette passion, indissociables d'un véritable professionnalisme, des équipes, en région comme

---

[1] STÉPHANE MAUPIN, Architecte. [2] DANIEL PFLUMM, Artiste. [3] ROBERT FLECK, Directeur, Ecole des Beaux-Arts, Nantes. [4] NOBUYOSHI ARAKI, Photographe.

à Paris, devront avoir à cœur de travailler au quotidien au développement de la création vivante, sachant combien cette mission est exigeante et difficile.[1]

⚑ DANS UNE ÉPOQUE DE CULTURE GLOBALE, l'institution s'inscrit dans la structure générale de la communication selon sa spécialité et sa vocation. Elle doit en être le vecteur opérationnel le plus souple et le plus performant. Toutes les pesanteurs bureaucratiques qui tendent à échapper à la règle de la transparence sont des phénomènes à la fois anachroniques et auto réducteurs. L'institution gère une activité dont la spécificité ne doit pas entraver l'insertion de son message dans le flux global de l'information. Cela implique un changement radical dans la psychologie des rapports entre les spécialistes et le public en particulier, directement concerné.[2]

⚑ J'AIMERAIS IMAGINER une institution où les artistes souhaiteraient exposer sans aucune appréhension.
Une administration qui connaisse l'expression «c'est possible». J'aimerais trouver de vrais bricoleurs de génie pouvant diriger la production des projets les plus ambitieux. Plus de moyens de production pour aider la création que de frais structurels. Un vrai souci de mise en valeur des œuvres. Un comité de sécurité pas trop tatillon. Des services techniques aussi respectueux des œuvres avant qu'après l'exposition. Des expositions de groupe avec moins d'artistes à la fois. Celles-ci ne participent souvent qu'à une mise en avant de leur organisateur aux dépens de la bonne compréhension de chaque artiste. Qu'elle marque, sans conteste, une étape décisive dans la carrière de l'artiste. Bien sûr, tout cela doit paraître aller de soi, et pourtant au 21e siècle… Enfin, attention si nous nous plaignons trop, nous regretterons leur disparition au 21e siècle. Et nous avons besoin d'une institution qui nous offre ce que nous n'attendons pas.[3]

---

[1] CLAUDE CLOSKY, Artiste. [2] PIERRE RESTANY, Historien et critique d'art.
[3] EMMANUEL PERROTIN, Galerie Emmanuel Perrotin, Paris.

JE PENSE QUE L'INSTITUTION EST UNE BONNE CHOSE pour
un artiste, pour une autre lisibilité de son travail en
dehors du marché de l'art, des galeries, collections,
fondations et autres.
L'institution doit développer et prendre en charge des
œuvres sonores, tactiles, olfactives, qui ne sont pas
forcément dans une tradition picturale, et des utopies
non réalisées et censurées et parfois hors-la-loi.
Pour espérer enfin des émotions fortes.[1]

DE LA PART d'une institution artistique, j'attends
qu'elle donne du courage. Les galeries tendent au
conservatisme, partagées entre de multiples modalités
d'expression et le filtre du marché.
Dès lors, j'apprends beaucoup avec les commissaires
d'expositions, quelles que soient leurs origines
culturelles. Autant que les institutions, le système
des galeries doit changer. Je souhaite qu'elles nous
donnent le courage de nous transformer de notre
propre chef.[2]

UNE PETITE TOUCHE DE POÉSIE
PLEIN DE JEUNES MUSES
DES GLACES À L'EAU
UN SALON DE MUSIQUE
UNE RÉTROSPECTIVE DES FILMS DE TOTO.[3]

LE ROLE D'UNE INSTITUTION aujourd'hui est de soutenir
le mieux possible la création et de lui donner les moyens
de pouvoir jouer d'égal à égal avec les autres activités
culturelles que sont le cinéma ou la musique, activités
qui sont mises en avant du fait d'une obligation de
rentabilité commerciale. Il faut que l'expérience de
l'art soit présentée d'une façon attractive, sans exclure
le marketing et les médias qui y sont rattachés:
télévision, radio, Internet, magazines… Comme l'a répété
Felix Gonzalez-Torres, il faut adopter la technique de
l'espion et s'approprier les moyens de l'ennemi.[4]

---

[1] ADEL ABDESSEMED, Artiste. [2] HIDENORI OTA, Ota Fine Arts, Tokyo. [3] AIR DE PARIS,
Galerie, Paris. [4] YAN CÉH, Artiste et éditeur.

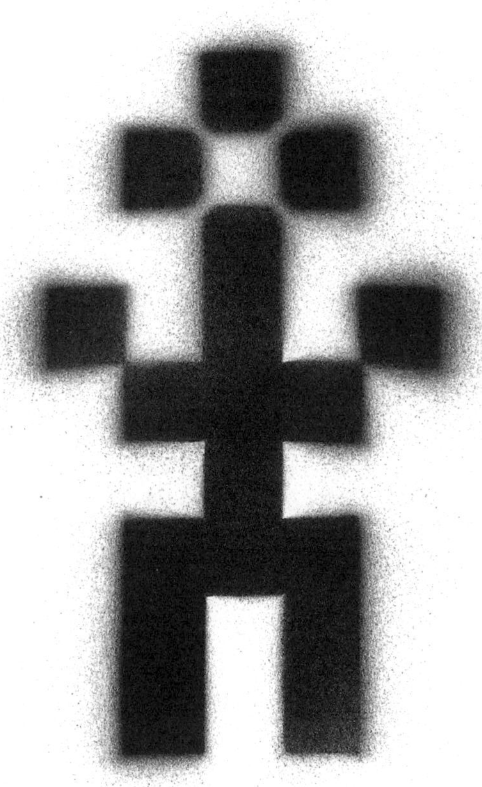

UNE INSTITUTION ARTISTIQUE du 21e siècle devrait avoir des murs mitoyens avec l'imaginaire.
Pouf! Les murs ont bougé… Pouf! Ils ont disparu…
Pouf! Ils sont revenus…[1]

[1] MICHAEL ELMGREEN & INGMAR DRAGSET, Artistes.

✳ FROM THOMAS BERNHARD, «Maîtres anciens»:
«Jusqu'à midi la température de dix-huit degrés au Musée
d'art ancien est celle qui lui convient, l'après-midi
il se sent mieux dans le chaleur de l'Ambassador, où
il y a toujours une température de vingt-trois degrés.
L'après-midi, je ne réfléchis plus si volontiers ni
si intensément, dit Reger, alors je peux me permettre
l'Ambassador.»[1]

♟ PEUT-ETRE PEUT-ON NE RIEN EN ATTENDRE.[2]

♟ LA DÉFINITION de l'institution résume à elle seule
les paradoxes et contradictions à dissiper au plus vite
dans l'esprit si cartésien de tous les français et,
particulièrement, dans celui de nos chers hommes et
femmes politiques avec leur discours démagogique sur
l'exception culturelle.[3]

♟ CETTE ANNÉE ENCORE, j'ai vu et/ou participé à des
expositions:
- de jeunes (après tout on ne se lasse pas de les
découvrir!)
- de français à l'étranger ou d'étrangers en France
(des artistes de quelque part d'une manière générale)
- promotionnelles (avec de préférences de gros sponsors,
ils sont si rares en France que tout le monde se
précipite!)
- à thèmes débiles dont les artistes deviennent les
illustrateurs
- dans des lieux atypiques (sous les ponts, au
supermarché…)
- thématico-techniques (nouveaux médias, vidéo, etc.)
- saisonnières (pour l'été, pour noël…) ou encore
pour que les artistes créent du lien social là où les
politiques ne savent plus le faire.
La liste est longue… J'attends d'une institution
de soutenir des propositions plus complexes et plus
constructives.[4]

---

[1] ART CONCEPT, Galerie, Paris. [2] JOHN ARMLEDER, Artiste. [3] JÉROME DE NOIRMONT, Galerie
Jérôme de Noirmont, Paris. [4] MATHIEU MERCIER, Artiste.

✻ ON ATTEND d'une institution du 21e siècle qu'elle expose nos artistes.[1]

✻ D'ETRE À L'ÉCOUTE des transformations culturelles, ouverture, flexibilité, s'adapter aux nouvelles démarches tout en restant conscient de l'histoire de l'art déjà vécue, et donc aux critères d'excellence qui font la différence entre «art» et «essai».[2]

✻ J'ATTENDS D'UNE INSTITUTION ARTISTIQUE du 21e siècle de nouveaux rapports avec le public.[3]

✻ J'ATTENDS D'UNE INSTITUTION ARTISTIQUE qu'elle rende l'art plus intéressant que l'institution.[4]

✻ FAISANT PARTIE DU PUBLIC des institutions artistiques, j'attends d'une telle entité qu'elle remplisse ses fonctions innées, à la fois pédagogiques, d'instruction, de présentation d'œuvres et aussi de conservation quand il y a lieu, en évoluant avec le temps.
A part ces qualités de fond, il me semble que l'expression «institution artistique» porte en elle une contradiction intéressante, inhérente à la juxtaposition des deux termes qui la composent, à mon avis, source de questions et sûrement de réponses à trouver. Etre artistique sans institutionnaliser tout en étant une institution… au 21e siècle.
J'apprécierais qu'une institution artistique, tout en évoluant, considère son identité, voire son aura, liée à son indépendance par rapport à des contingences temporelles (marché…) et à la personnalité, la lisibilité de la réflexion de ses dirigeant(e)s.
On peut imaginer qu'une institution artistique d'aujourd'hui tout en ayant par la qualité de ses espaces, de sa logistique, de son programme, valeur d'institution, utiliserait plus clairement l'énergie de chacun de ses publics, de la collaboration à la communication.
Idéalement elle aurait une taille moyenne, simultanément

---

[1] GEORGES-PHILIPPE VALLOIS, Galerie Georges-Philippe et Nathalie Vallois, Paris.
[2] JENNIFER FLAY, Galerie Jennifer Flay, Paris. [3] JEAN BLAISE, Directeur, Lieu Unique, Nantes. [4] JEAN-MAX COLARD, Journaliste, Les Inrockuptibles.

plusieurs rythmes et tailles d'expositions; qu'on ait
l'envie et l'occasion d'y aller avec une certaine
assiduité et qu'elle soit faite en sorte qu'on puisse y
trouver le calme et aussi s'y rencontrer en dehors des
salles d'exposition dans des lieux qui n'évoquent ni la
cafétéria basique ni le café à la mode et soient plutôt
intemporels… comme l'institution.[1]

⚲ QU'ELLE TIENNE UNE POSITION CLAIRE, sans petits
«arrangements» vis à vis de la réalité dans laquelle
s'inscrit l'art. Qu'elle ne fléchisse pas au premier coup
de boutoir des politiques ou des financiers, qu'elle
sache prendre le risque de l'espace et du temps vides,
de la non-productivité, du non-événementiel. Qu'elle
ne se limite pas à être un simple opérateur, pourvoyeur
de listes de noms, de critères de qualification ou de
disqualification de l'art.[2]

⚲ NE DEVRAIENT-ELLES PAS DEVENIR ce que les églises
furent au Moyen-Age: un lieu de rencontre et de
convivialité où la vie se poursuivait en même temps que
le culte était célébré?
Ce sont les derniers refuges d'un art en devenir qui,
le plus souvent, est banni de la ville, des édifices
publics, des entreprises industrielles.
Mais pour que l'art puisse toucher ses fidèles en
profondeur, le «Musée» se doit d'être sobre, simple…
et gratuit et de mettre en valeur ce qu'on y vénère:
un anti-Bilbao.[3]

⚲ CE QUE J'ATTENDS? Un bon room-service.[4]

⚲ EN TANT QUE DESIGNER, et sur un plan individuel, ce qui
m'importe dans la démarche d'une institution artistique,
c'est qu'elle puisse faciliter l'accession aux idées
développées par le monde de l'art: artistes, critiques,
collectionneurs, curateurs, etc. Qu'elle me permette de
comprendre leurs démarches, d'entrer dans leurs

---

[1] ALMINE RECH, Galerie Almine Rech, Paris. [2] STÉPHANIE MOISDON-TREMBLEY, Commissaire
d'exposition indépendant et critique d'art. [3] GILLES FUCHS, Collectionneur. [4] ERIC TRONCY,
Co-directeur, Le Consortium, Dijon.

préoccupations, de partager leurs réflexions afin de
nourrir et de faire évoluer mes propres problématiques,
liées à la forme plus fonctionnelle du vêtement. Que
l'institution artistique du 21e siècle ne soit pas
seulement un lieu de mise en scène mais, à l'image de
l'atelier ou du laboratoire, un lieu de mise en commun,
de mise en forme, de mise à jour: de «mise en vie»
avant tout.[1]

⚜ J'ATTENDS D'UN CENTRE D'ART qu'il puisse vraiment avoir
un caractère expérimental. Il doit pouvoir proposer des
projets ambitieux avec des œuvres pouvant sortir d'un
certain circuit économique. Mais il ne doit pas être un
musée. Il doit traduire son époque et même être avant-
gardiste.[2]

⚜ EN CE QUI CONCERNE LE JAPON, une institution artistique
doit faire appel à la société. Société restant
indifférente à l'art contemporain, perçu comme «difficile
d'accès». Je souhaite que parmi les institutions
artistiques les occasions de communications se
développent à travers des conférences et workshops avec
des personnes non seulement issues du milieu artistique
mais aussi d'autres domaines.[3]

⚜ LES INSTITUTIONS CULTURELLES FRANÇAISES, telles que
nous les connaissons aujourd'hui, sont à la fois le point
d'aboutissement des expériences du passé et le reflet,
plus ou moins fidèle, des préoccupations de la Nation.
Or il semble qu'un écart ne cesse de se creuser de lui-
même entre ces institutions, dont le mode de
fonctionnement était une réponse à la conception de l'art
qui a parcouru le siècle précédent, et les aspirations et
désirs de la génération actuelle. Une nouvelle
institution se doit ainsi d'être un lieu qui réponde aux
changements imposés par l'ère des nouvelles technologies,
être ouverte le soir, être plus qu'un lieu de passage,
mais un lieu où un lien affectif et sensible à l'art doit
être possible, un lieu convivial et accueillant, qui doit

---

[1] PASCAL GAUTRAND, Designer. [2] NICOLE TRAN BA VANG, Artiste. [3] MIWA YANAGI, Artiste.

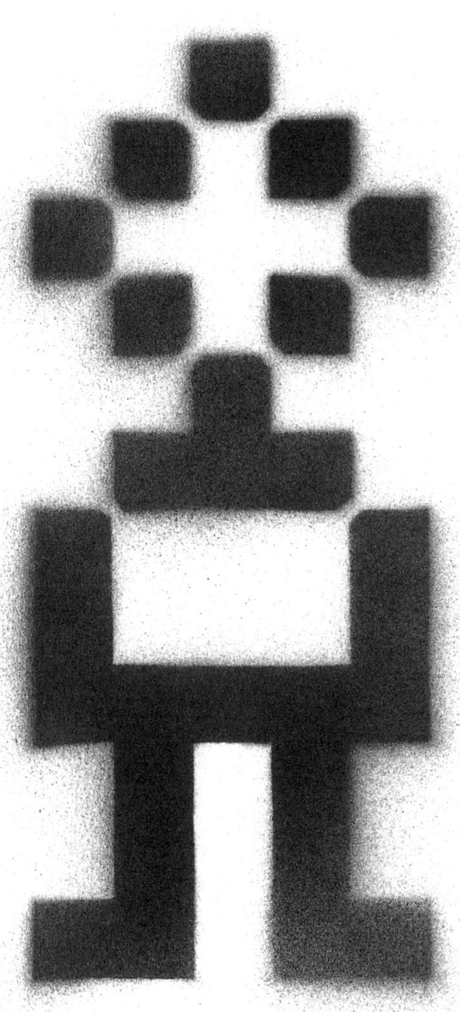

QUE CE SOIT UN TERRAIN D'ENTENTE.[1]

être à dimension humaine, un lieu qui doit combattre l'image que la France en général se fait de l'art contemporain en créant d'emblée des liens avec d'autres institutions étrangères et en rendant lisible les liens avec ce qui fonde sa base et sa critique (anthropologie, ethnologie, science sociale, philosophie, littérature…). Un lieu qui sera en partie né d'une volonté privée et non pas entièrement étatique. Un lieu comme un centre de réflexion qui doit pouvoir mesurer l'impact des nouvelles technologies sur les mouvements de pensée, les comportements sociaux et l'économie, et pourquoi pas réfléchir sur la théorie de la physique quantique appliquée au capitalisme. Un lieu pour la contre-culture, celle qui façonne de nouvelles mythologies; mais aussi un lieu qui peut accueillir toutes les formes d'expressions culturelles contemporaines qui vont de la fête Techno à l'organisation de voyages. Un lieu qui doit être l'antithèse de la volonté de répertorier qui fonde la création des institutions culturelles. Un lieu qui sait perdre ce qu'il donne. Une institution où il fait bon vivre et qui saura ce que le futur est aux yeux de la génération qui la désire: une nouvelle perspective.[1]

Ⓞ QUE PUBLIC ET PRIVÉ, plus précisément les institutions et les galeries, travaillent davantage dans le même sens, c'est-à-dire à la promotion des artistes vivant en France, en leur permettant notamment de produire des pièces importantes. L'institution peut seule offrir aux artistes l'accès à un public plus large. Elle peut aussi donner lieu à des projets dégagés de toute contrainte marchande. Cela signifie d'ailleurs que les rapports entre public et privé sont à redéfinir et que chacun, sans doute, doit se remettre un peu en question.[2]

♈ ON ESPERE QUE CE SOIT UN ESPACE DE LIBERTÉ, de surprises, de rencontres et d'amour.[3]

---

[1] MARINE HUGONNIER, Artiste. [2] PHILIPPE JOUSSE, Jousse Entreprise, Paris.
[3] PIERRE ET GILLES, Artistes.

✻ J'ATTENDS D'UN LIEU POUR L'ART du début du 21e siècle
qu'il me brusque, dedans, dehors, softly, strongly et
que ce lieu n'oublie pas le siècle passé tout en pensant
déjà au prochain.[1]

⚲ ELLES DOIVENT REFLÉTER, VOIRE ANTICIPER, les évolutions
culturelles. Puisque de moins en moins de structures
sociales maintiennent leur pertinence initiale auprès
du public et tandis que les centres d'art continuent
d'attirer de plus en plus de visiteurs, la mission de ces
institutions est d'accueillir, avec audace et inventi-
vité, toute démarche artistique faisant preuve d'inédit.
Cette mission concerne autant les nouveaux médias, la
vidéo, le numérique que les disciplines plus traditionnelles, comme la peinture, la sculpture et la photographie. Enfin, le besoin d'investigations interdisciplinaires poussées – entremêlant philosophie, sociologie
urbaine, arts du spectacle ou écologie, pour donner
quelques exemples – s'intensifiera dans ces institutions
qui offrent une plate-forme de synthèse à des domaines de
réflexion qui, jusque-là, se rencontraient peu.[2]

⚱ MON INSTITUTION «IDÉALE» du 21e siècle ressemblerait
à quelque chose qui ne serait pas une «institution» en
soi, mais un organisme flexible et constamment évolutif
ou un réseau connectant les personnes d'idée et d'action
sur un mode de fonctionnement autant «local» que
«global». Elle devrait pouvoir répondre aux formes de
pensée et de média les plus diverses, en particulier au
défi que représente cette nouvelle complexité issue de
la fusion d'une nouvelle urgence sociale et d'une
nouvelle technologie. Elle devrait aussi se développer
en tenant compte de l'apparition de cette autre réalité:
l'effondrement du centre du monde.[3]

✻✻ L'INSTITUTION EST BIENVENUE si elle est suffisamment
flexible, sans bureaucratie.
L'institution doit devenir différente de ce que nous

---

[1] PHILIPPE LAUGIER, Responsable d'artistes et directeur du label Sound of Barclay.
[2] DAN CAMERON, Senior curator, New Museum of Contemporary Art, New York.
[3] HOU HANRU, Curator indépendant.

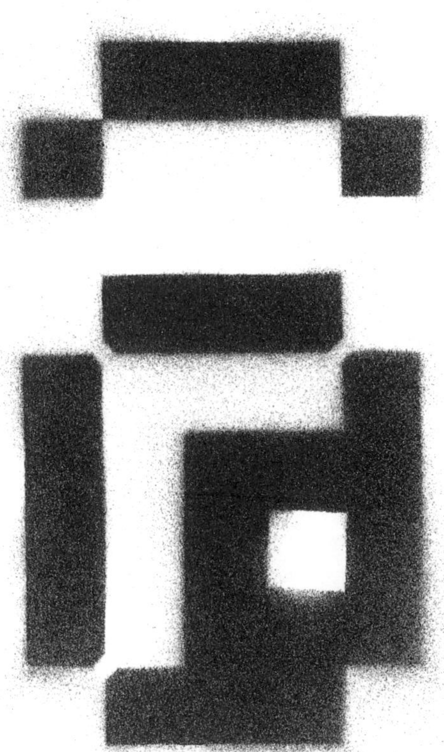

UN TIMES SQUARE DE L'ART où tout est art est art est art.[1]

---

[1] PATRICIA SOLINI, Responsable des arts plastiques, Lieu Unique, Nantes.

connaissons, car il faut qu'elle fonctionne en réseau,
dans un système ouvert et dans la transparence.
Tout dépend de l'esprit des personnes qui la construisent
et qui y travaillent.
Si elle fonctionne bien, l'institution pourrait se fondre
dans le réseau moins politique de l'information et du
système de distribution des fonds.
Ou elle deviendra le carrefour de nombreux réseaux et
une plate-forme pour les gens et l'information.[1]

LE MUSÉE EN TANT QUE MÉMOIRE, KRAFTWERK ET LABORATOIRE
(Alexander Dorner revisité)
Alexander Dorner, qui dirigea le musée de Hanovre dans
les années 20, définit le musée comme un «kraftwerk».
Il invita des artistes tels qu'El Lissitzky à produire
une manifestation contemporaine, dynamique autour du
musée en mouvement. Dans «Ueberwindung der Kunst» (aller
au-delà de l'art), Dorner insista sur le fait qu'il
avait l'intention de transformer le cube blanc neutre
dans le but d'adopter un espace plus hétérogène. Dorner
avait réussi dans l'espace pseudo-neutre du 19e siècle
qui prédominait toujours, pour aboutir finalement aux
réflexions qui accompagnent un musée aujourd'hui.
L'importance de Dorner réside dans le fait d'avoir
anticipé très tôt l'urgence de questions telles que:
- le musée en transformation permanente selon des
paramètres dynamiques;
- le musée en oscillation entre l'objet et le processus:
«L'idée du processus a pénétré notre système de
certitudes» (Dorner);
- le musée multi-identitaire;
- le musée en mouvement;
- le musée en tant que pionnier prenant des risques:
agir au lieu d'attendre!
- le musée en tant que point de croisements entre l'art
et la vie;
- le musée en tant que laboratoire;
- le musée basé sur une conception dynamique de
l'histoire de l'art. Ainsi que John Dewey l'écrivit,

---

[1] FUMIO NANJO, Curator indépendant.

c'est grâce à Dorner que nous nous trouvons «au milieu
d'un centre dynamique de transformations profondes»;
– le musée en tant que vérité relative et non absolue;
– le musée élastique: tant dans le contenu que la forme;
– le musée en tant qu'élément constitutif d'un réseau
englobant les artistes et les autres disciplines.
Selon les propres mots de Dorner: «Nous ne pouvons pas
saisir les forces en jeu dans la production visuelle
d'aujourd'hui, si nous ignorons les autres champs de
vie.»[1]

⚑ TOUTES LES IMPLICATIONS statiques du mot institution
devraient être abolies. L'institution du 21e siècle
devrait refléter la nature temporelle des processus
mondiaux et de la culture contemporaine, fonctionnant
comme une interface accessible pour l'expérimentation,
la production et la communication.[2]

⚑ UNE INSTITUTION artistique devrait seulement être un
élément dans une chaîne d'activités qui se poursuit en
dehors de l'institution, en dehors du monde de l'art.
Cependant, elle joue un rôle important dans la
communication et la réflexion. Pour moi, une institution
artistique fonctionne comme un espace discursif où l'on
peut débattre librement d'un sujet. C'est aussi un lieu
de recherche.[3]

⚑ NOUS DEVONS NOUS DEMANDER si une institution culturelle
du 21e siècle se destine à opérer en termes de fiction ou
de documentaire; si elle a la capacité de disséminer son
identité et ses actions et, par conséquent, de devenir
aussi mutable et diverse que les postinstitutions
insidieuses qui gravitent autour d'elle. Nous devons
réclamer un lieu qui puisse agir comme une ombre et comme
un mirage lointain.[4]

⚑ J'ATTENDS de l'institution qu'elle se concentre sur les
souhaits et les besoins des artistes. Nous devons nous

---

[1] HANS-ULRICH OBRIST, Migrators Curator. [2] SEAN SNYDER, Artiste. [3] BARBARA STEINER,
Directrice, Galerie für Zeitgenössische Kunst, Leipzig. [4] LIAM GILLICK, Artiste.

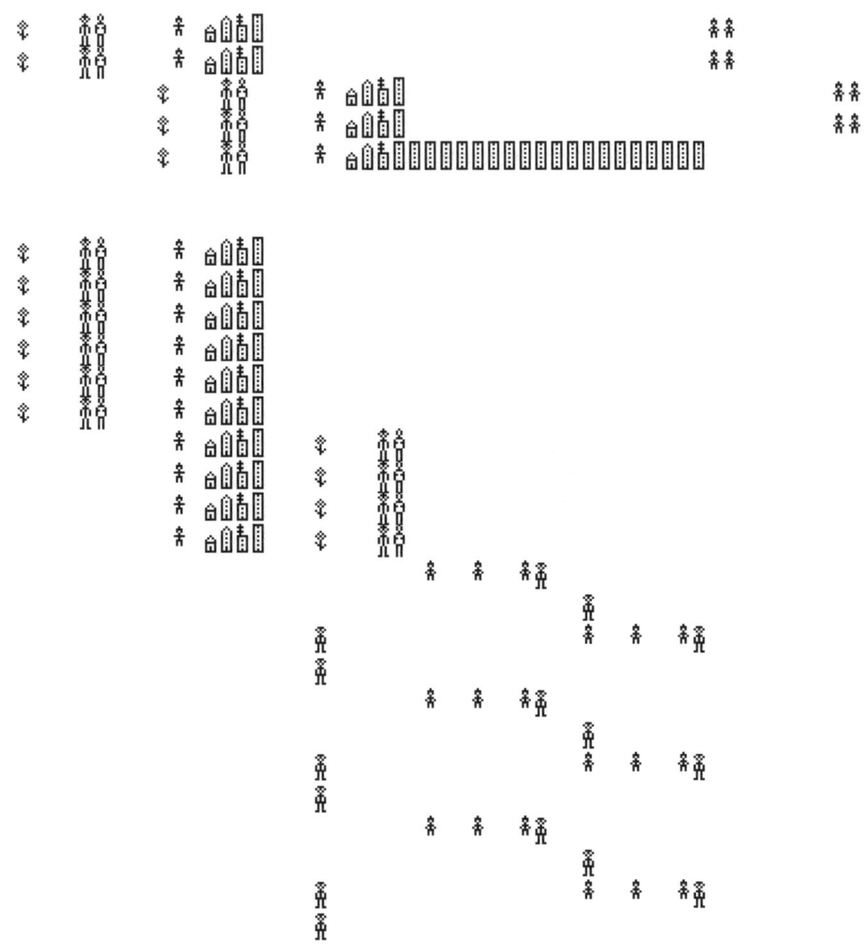

UNE INSTITUTION QUI SOIT ANIMALE, comme un caméléon qui se métamorphose à chaque moment.[1]

---

[1] JEAN-LUC VILMOUTH, Artiste.

débarrasser de l'idée du curator (et de l'institution) en tant que héros, qui découvre les artistes et exige alors trop d'attention. Les institutions devraient prendre leur temps pour développer un profil original, sans se préoccuper outre mesure du jugement de la presse. D'après moi, quelques mots-clés pour une institution du 21e siècle devraient être: flexibilité, collaboration, introduction de différents champs de production culturelle comme la musique, l'architecture, la mode et le design, concentration sur le processus plutôt que sur le résultat. Surtout, une institution devrait veiller à rester en contact avec les générations suivantes, ce qui suppose aussi de changer les concepts de temps en temps.[1]

LE PLUS IMPORTANT c'est qu'elle puisse se faire l'écho des arts eux-mêmes, de la production des artistes et répondre aux futurs besoins de la société en matière d'art. L'institution devrait commencer par son objet, à savoir l'art. La question est: qu'appellerons-nous art au 21e siècle et qui seront ceux qui le créeront?[2]

J'ATTENDS DU SYSTEME qu'il garantisse financièrement les expositions des artistes. Et qu'il fasse la promotion des manifestations de jeunes artistes.[3]

L'ART ET LES ORGANISMES D'ART doivent avoir une fonction dynamique et excitante, qui reflète les villes dans lesquelles vivent les gens. L'art critique et encourage la société.[4]

JE L'IMAGINE COMME UNE STATION SPATIALE où tous les extraterrestres pourraient se reposer entre leurs voyages.[5]

AU 21E SIECLE, notre notion de l'espace diminuera avec la micro-tech et deviendra sans limites avec la digi-com. Les institutions artistiques doivent permettre la

[1] YILMAZ DZIEWIOR, Directeur, Hamburger Kunstverein, Hambourg. [2] BARTOMEU MARI, Curator. [3] TSUYOSHI OZAWA, Artiste. [4] YUJI AKIMOTO, Chief Curator, Benesse Naoshima Contemporary Art Museum. [5] ERWIN WURM, Artiste.

manifestation d'expressions intérieures dans des espaces
publics, et permettre aux questions publiques de pouvoir
être ramenées vers l'intérieur. Dans le monde virtuel à
venir où la frontière entre réalité et illusion,
propriété et expérience, personnel et communautaire sera
plus que remise en question, les institutions artistiques
ont l'obligation et la responsabilité d'explorer et de
nous guider dans le meilleur des mondes qui s'annonce.[1]

JE PENSE QUE LE ROLE des institutions artistiques du
21e siècle doit être entièrement redéfini, étant donné
que la fonction traditionnelle de ces institutions, en
tant que lieux d'exposition de formes d'art prévisibles
telles que tableaux ou sculptures, devient de plus en
plus obsolète et stérile.
Actuellement, les artistes s'activent contre le concept
d'art dans des formes «pures» et débordent rapidement
de la pratique conventionnelle vers des expérimentations
interdisciplinaires.
L'art contemporain est un reflet direct de l'énorme
influence de la technologie et des médias sur notre vie
quotidienne.
Les artistes veulent sortir des institutions et se voir
intégrés dans la culture populaire pour atteindre un
public plus large. Les institutions artistiques doivent
donc prendre en compte ces facteurs et se montrer
flexibles à la fois dans leur représentation de l'art
contemporain mais aussi par leur accessibilité au plus
grand nombre.[2]

CE QUI M'INTÉRESSE, c'est de tenter de produire une
œuvre, d'entretenir plus de liens avec la vie
quotidienne, de collaborer avec plus d'institutions (pas
seulement artistiques) et de franchir les limites entre
art et institutions artistiques. L'art devrait avoir plus
de fonctions au 21e siècle. L'art peut se trouver partout
et davantage dans notre vie de tous les jours.
Ne pas parler de nationalité, mais plutôt de la vie, du
contenu de la vie. Les institutions devraient être plus

---

[1] NICK DEOCAMPO, Réalisateur. [2] SHIRIN NESHAT, Artiste.

réceptives, s'efforcer de s'impliquer davantage dans les
œuvres d'art. Encore plus de projets à l'extérieur, ne
pas se contenter seulement des expositions de travaux
entre ses murs ou dans son cadre. Je pense que
l'institution a toujours son importance, je ne parle pas
d'essayer de la démolir, mais d'essayer d'ouvrir les
portes, d'y amener les gens, autant que d'essayer d'en
sortir, voilà ce que j'espère. J'espère plus de
possibilités dans divers styles, médias, activités…[1]

♟ UNE INSTITUTION DÉSINSTITUTIONALISÉE: loin des
gargantuesques méga-expositions à tout casser; vive
le retour à l'intimité, la création, la spontanéité
et la sociabilité.[2]

♁ J'IMAGINE qu'elles ne seraient pas composées de
hardware et de software, mais de contenus et d'interfaces. En d'autres termes, les institutions prendraient
part à la construction des contenus, tout en introduisant
des interfaces sans hiérarchie, ce qui rendrait plus
faciles l'approche et la compréhension du public. Dans
le même temps, il serait important de répercuter les
connaissances et les réactions du public, afin de créer
un système dynamique qui refléterait ce genre d'idées.
Les collections des institutions, les œuvres existantes
créées dans les ateliers des artistes et les nouveaux
projets montés par les institutions joueront un rôle
déterminant dans la composition de tels éléments dans
ces nouveaux lieux. Par conséquent, la notion de bâtiment
en tant que hardware deviendra seulement un élément dans
la vision de l'œuvre d'art.
Autrement dit, le concept d'œuvre d'art sera libéré des
bâtiments en tant que lieux d'exposition, rendant ainsi
possible sa réimplantation dans les villes et dans le
monde lui-même. De telles conditions impliqueront, pour
les curators, la nécessité d'organiser les contenus en
fonction du lieu d'exposition et du contexte culturel
de chaque lieu, en faisant des recherches poussées tout

---

[1] NAVIN RAWANCHAIKUL, Artiste. [2] CLARA KIM, Curator, SFMOMA, San Francisco.

en maîtrisant le discours original.
Par exemple, à Kanazawa, le musée se réfère à ses trois
«C»: Conscience, Collective intelligence et Coexistence,
en guise de mots-clés, dans le but de créer un champ
magnétique où nous pourrions partager ces concepts, les
transformant ainsi en métaphore de l'institution.[1]

⚜ MES ATTENTES sont extrêmement utopiques. J'aimerais une
attitude internationaliste, sans se cantonner à une
quelconque notion de tendance globale hégémonique ou à
une quelconque idéologie dominante de l'art, de la
culture, de la nation ou du progrès. Au contraire,
j'aimerais que les portes s'ouvrent aux images et
narrations imprévisibles, incontrôlables, de plus en plus
risquées, qui seront inventées par les artistes, les
critiques et les curators, tandis qu'ils se promèneront
autour du globe, transgressant les frontières fossilisées
des nations-états, des groupes de puissance, des sphères
d'influence et des hiérarchies de style du 20e siècle.[2]

⚜ AVOIR DES ATTENTES PARTICULIERES par rapport à
l'institution artistique du 21e siècle nous apportera des
déceptions particulières.
Ce qui est important, c'est de ne pas attribuer à
l'institution artistique une importance spéciale, ainsi
elle prendra peut-être une certaine importance.[3]

⚜ CE QUI EST SUR, c'est que je n'attends pas d'une
institution qu'elle se pose en forteresse de l'élitisme.
Elle doit servir de modérateur entre les différentes
stratégies artistiques, d'origines culturelles,
esthétiques, politiques diverses et variées (incluant des
collaborations avec tous les autres domaines artistiques,
comme le cinéma, le design, la musique, la littérature…).
L'institution pourrait aider à démystifier l'art
contemporain. Elle devrait tenir un rôle plus important
et plus dynamique dans la vie quotidienne.[4]

---

[1] YUKO HASEGAWA, Chief curator, Museum of Contemporary Art, Kanazawa.
[2] RANJIT HOSKOTE, critique d'art et théoricien culturel. [3] CAI GUO-QIANG, Artiste.
[4] ALEKSANDAR BATTISTA ILLIC, Artiste.

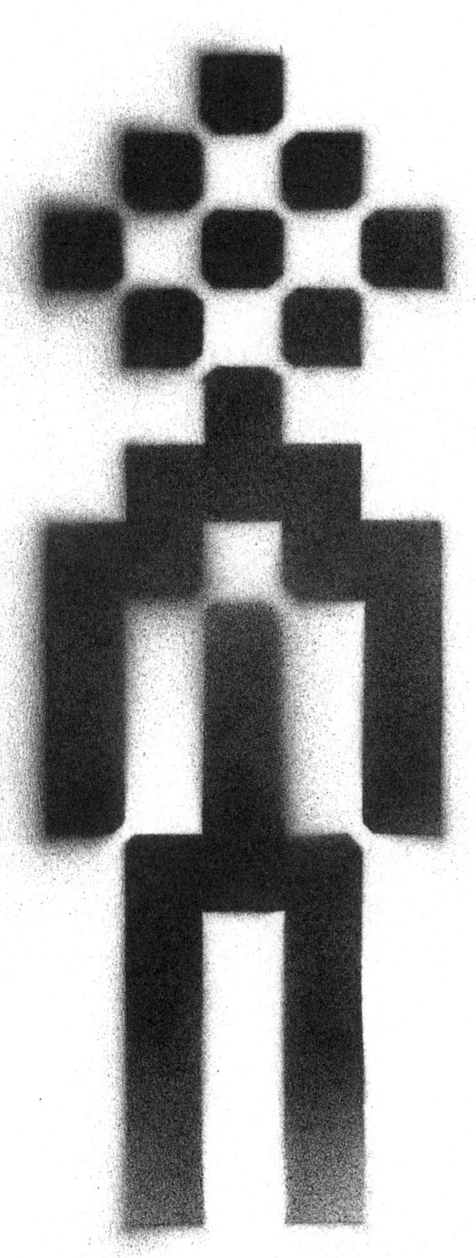

⚲ FELIX: Le facteur «OUAH!».
La paix, le tranquillité, l'émerveillement.
L'espace, l'atmosphère, la liberté de respirer,
les installations, les couleurs et les questions.

⚵ SIMON:
Qu'elle me choque, m'inspire, me nourrisse.[1]

<hr>

[1] BASEMENT JAXX, DJs/producteurs.

CE DEVRAIT ETRE UN INTERMÉDIATEUR DE L'ART, collaborant
avec les initiatives individuelles issues de tous les
côtés du monde de l'art. Bien plus ouverte à la
différence et aux nouvelles attitudes artistiques
qu'auparavant, l'institution devrait relier le monde de
l'art et la vie d'un point de vue esthétique, culturel
et politique, respectant davantage le contexte de
l'initiative artistique que le pouvoir du système
de l'art.[1]

UNE INSTITUTION OU TOUTES LES FORMES D'ART SONT
INTÉGRÉES; un lieu fréquenté par le public comme une
maison de la culture où la créativité, la connaissance
et l'information s'échangent sans la superstructure des
arts majeurs et mineurs, de l'autorité et du profane,
etc.; une institution qui grandit et se développe
organiquement avec la communauté.[2]

ELLE CONTRIBUERA À MODIFIER notre perception du temps.
Le temps et la durée seront essentiellement mémoire,
conscience et liberté.[3]

UNE INSTITUTION DÉDIÉE À L'ART CONTEMPORAIN du 21e
siècle dépendra des «objets» d'art de ce siècle (et
les œuvres du 20e siècle seront importantes pour le 21e
siècle). Il est impossible de faire des prédictions
mais, personnellement, je m'attends encore à des espaces
blancs stériles, la plupart du temps.
Ce que nous pouvons espérer des curators, c'est qu'ils
se rappellent de l'origine étymologique de leur titre:
«curare» qui signifie «prendre soin de».
Leurs institutions devraient donc ressembler à des
pouponnières.[4]

QU'ELLE DEVIENNE MÉCONNAISSABLE.[5]

RECHERCHE, GÉNÉROSITÉ et convivialité.[6]

---

[1] IVANA KESER, Artiste. [2] OSCAR HO, Directeur des expositions, Hong Kong Arts Centre,
Hong Kong. [3] OLAFUR ELIASSON, Artiste. [4] WIM DELVOYE, Artiste. [5] RAIMUNDAS MALASAUSKAS,
Auteur et curator, Contemporary Art Center, Vilnius. [6] GRAHAM GUSSIN, Artiste.

♟ L'EXCELLENCE À TOUS LES NIVEAUX. Une équipe sympa
et un bon restaurant.[1]

♟ AMBIANCE ET IMPERFECTION.[2]

♟ J'ATTENDS QU'ELLE NEUTRALISE LA PESANTEUR, de sorte
que les visiteurs et les œuvres flottent tranquillement
les uns parmi les autres.
Ce serait bien aussi d'arriver à neutraliser la pesanteur
dans l'environnement de l'institution (les jardins,
par exemple), mais je sais que ça risque d'être plus
difficile.[3]

♟ JE SUIS TENTÉ DE DIRE: espoir, foi et charité,
mais ce serait trop facile. Avant, je me demandais
si les institutions artistiques pouvaient se sentir
limitées par le qualificatif artistique et ses
significations populaires. Maintenant, je pense que le
terme artistique pourrait commencer à décrire cet espace
dans la société pour l'expérimentation, le questionnement
et la découverte, que la religion, la science et la
philosophie ont ponctuellement occupé en d'autres temps.
C'est devenu un espace actif, ce n'est plus un lieu
d'observation passive. Pour le nourrir, les institutions
doivent donc être à la fois maison de la culture,
laboratoire et académie, en réduisant leur fonction
de showroom pour l'establishment.
Elles doivent aussi faire preuve d'une politique directe
en examinant par le menu les conséquences de nos
pratiques extrêmes d'économie de marché.
Ensuite, il s'agit de savoir si, individuellement, les
institutions auront le courage de rechercher leur propre
équilibre dans cette polyvalence, au lieu de suivre
l'ancien modèle centre-périphérie, et si on peut
persuader les fondateurs d'abandonner la justification
touristique, au profit d'une réflexion et d'une
intelligence de plus en plus créatives en rapport avec
la société.[4]

---

[1] VIBEKE TANDBERG, Artiste. [2] RUNAR HODNE, Réalisateur. [3] NICOLAI WALLNER, Galerie Nicolai
Wallner, Copenhague. [4] CHARLES ESCHE, Directeur, Rooseum, Malmö.

✻ J'AIMERAIS VOIR PLEIN D'INSTITUTIONS CONCENTRÉES,
vivantes, ouvertes, transparentes, inspirantes, honnêtes,
géniales et patientes, montrant de la dignité et de plus
hauts critères concernant la qualité des travaux et du
commissariat d'exposition ainsi que pour leurs
collections, tels que la vraie valeur de l'art et de
la vie, leur réalité et contiguïté, plutôt que de voir
toutes ces institutions qui se contentent d'être
tendance, commerciales, politiques, impérialistes,
telles des grands magasins à sensation qui vendent leurs
expositions au public.[1]

✻ J'ATTENDS QU'ELLE ME MONTRE que Caravaggio était plus
âgé que Watteau; que la bougie de Chardin ressemblait de
très près à une bougie de Richter sans être tout à fait
la même; que Fritz Lang arrêta définitivement de tourner
des films avant même que Lars von Trier ait commencé à y
penser; que le concept de style de vie, c'est autre chose
que provoquer l'attention; que l'attention c'est du luxe
et que le luxe c'est l'attention; que Deleuze à propos de
Beckett, c'est sans conteste plus intéressant que Kiefer
à propos de Hölderlin; que Mariko Mori est la fille de
Yoko Mori, qui écrivit si brillamment sur les bulles de
savon de Jan Steen; que Britney Spears c'est bidon, mais
que Patti Smith a plus de contre-valeur que Björk; et que
la valeur utile des expositions doit être sans cesse
remise en question.[2]

✻ DE NE PAS ETRE UNE INSTITUTION.[3]

✻ J'ATTENDS DES INSTITUTIONS ARTISTIQUES À VENIR qu'elles
soient flexibles et qu'elles travaillent plus en
collaboration. Cela signifierait, par exemple, que les
curators pourraient aller d'une institution à l'autre
(d'un pays à l'autre) ou s'échanger leurs postes pour une
certaine période, afin d'apprendre les uns des autres, de
partager leurs connaissances et expertises. De même, les
institutions artistiques pourraient travailler davantage

---

[1] SOOJA KIM, Artiste. [2] CHRIS DERCON, Directeur, Boymans Museum, Rotterdam.
[3] JOP VAN BENNEKOM, Editeur et directeur artistique, Amsterdam.

ensemble dans l'organisation d'expositions itinérantes,
la recherche de fonds, etc. Je rêve d'institutions plus
ouvertes, qui travailleraient plus sur un plan
international et dans lesquelles les personnes impliquées
dans la politique artistique se déplaceraient d'un lieu
à l'autre.[1]

⚹ TOUT D'ABORD, j'attends de l'institution qu'elle donne
plus d'espace que cinq lignes à un artiste pour exprimer
son opinion concernant une telle question. En outre, je
pense qu'on devrait en attendre l'impossible puisque
c'est ce qu'on attend d'un artiste, à juste titre.[2]

⚰ IL Y A DEUX ANS, J'AI SÉJOURNÉ À L'HOTEL PALENQUE où
Robert Smithson s'était posé quelque trente ans
auparavant. C'était la première fois que j'y venais,
pourtant une sensation de reconnaissance s'est glissée
dans la surprise. L'endroit avait beaucoup changé,
mais il conservait une ressemblance certaine. Il avait
continué à se reconstruire, pourtant il continuait à
s'écrouler. Peut-être que mes attentes par rapport aux
musées ne sont pas si éloignées.[3]

⚮ UNE «INSTITUTION DU 21E SIECLE» est une plate-forme
offrant des équipements (pour la recherche, le discours,
la production, l'exposition) aussi bien pour la scène
locale que pour des artistes, réalisateurs, architectes,
designers, experts du numérique, écrivains, chercheurs,
etc., du monde entier, dans le but de confronter et
d'encourager les productions et les discours continus
dans l'art contemporain.[4]

⚲ QU'ELLE NE SE COMPORTE PLUS comme une institution mais
plutôt comme un modèle, un modèle de non-structures qui
soit en conflit, un modèle qui puisse être remodelé ou
reconstitué, un espace de représentations culturelles et
sociales, et un passage de cellules communicantes.
L'institution n'est plus un bâtiment de pierre ou de

---

[1] MARIEKE VAN HAL, Curator. [2] BARBARA VISSER, Artiste. [3] JEREMY MILLAR, Curator
indépendant et auteur. [4] EVA GRUBINGER, Artiste.

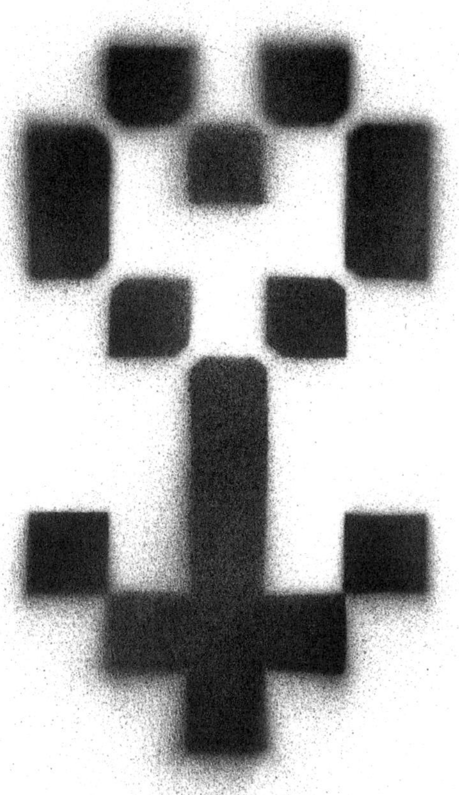

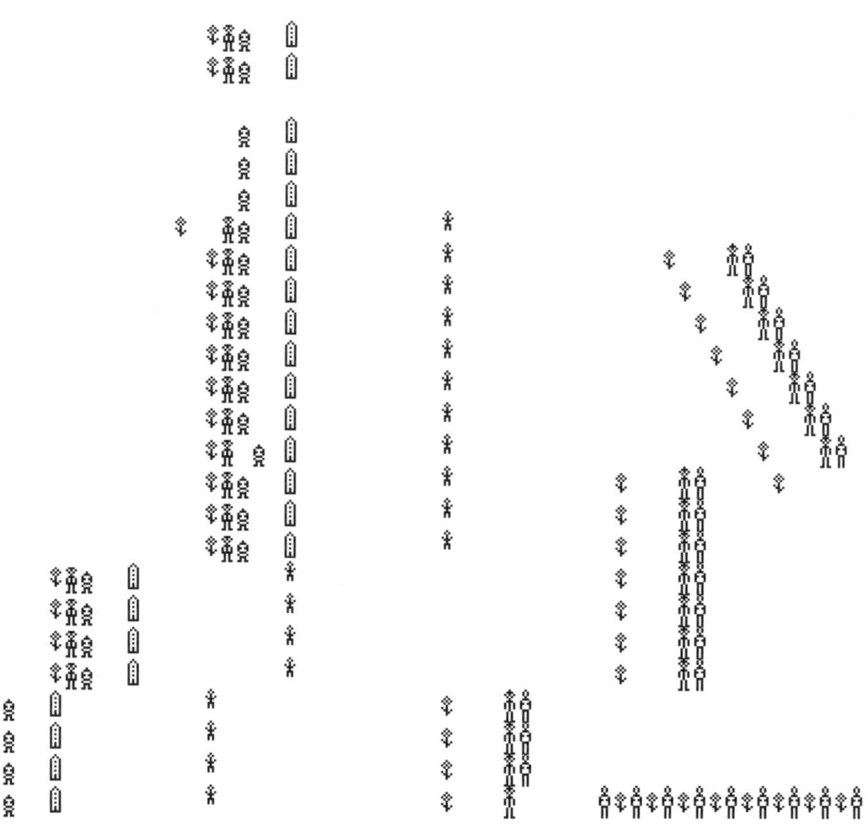

J'ATTENDS DES INSTITUTIONS ARTISTIQUES qu'elles adoptent les caractéristiques d'autres institutions, telles que les garderies, les asiles et les bordels. Je veux que des penseurs indépendants (du marché de l'art et de ses favoris) agissent avec autorité; je veux voir les préjugés et les catégorisations du monde de l'art renversés.[1]

---

[1] PETER NAGY, Artiste et curator, Nature Morte, New Delhi.

ciment, de murs ou de cubes, mais plutôt un corps organique, un organisme plus liquide, capable de transporter des virus et d'éliminer les infections. Peut-être une cascade d'événements s'écroulant, qui ne s'arrête jamais.[1]

⚔ EN PREMIER LIEU, je pense qu'une institution du 21e siècle devrait se libérer de la pesanteur qu'implique traditionnellement la notion d'institution. Elle devrait se métamorphoser en une «structure» flexible, qui puisse constamment s'adapter aux nouveaux besoins, contextes et conditions générés par la création artistique contemporaine. En même temps, elle devrait devenir une passerelle de communication entre les artistes et un public à qui l'on demanderait de jouer un rôle de plus en plus actif.[2]

⚔ JE CROIS FERMEMENT QUE LES INSTITUTIONS (musées, espaces alternatifs, fondations…) seront plus étroitement liées dans le futur (proche). Car, d'après moi, le besoin d'être informé sur les événements, expositions, colloques, aussi bien au niveau local qu'international et autant du point du vue du public que de l'institution, sera plus sérieusement satisfait. Cette communication extensive en terme de «divulgation» de l'information entraîne une coopération bien plus conséquente parmi les institutions, sur tous les fronts – avec un peu de chance –, certainement sur le plan de l'information mais, plus important, sur le plan du contenu; les frontières entre les disciplines deviendront véritablement (et pas seulement dans le discours) élastiques et le dialogue entre elles s'en trouvera stimulé. Et, faut-il le rappeler, n'oublions pas que la qualité des manifestations, et non le nombre de visiteurs, reste le critère du succès.[3]

⚔ UNE INSTITUTION DU 21E SIECLE devrait être aussi ouverte et informée que possible dans son domaine de

---

[1] RIRKRIT TIRAVANIJA, Artiste. [2] MONTSE BADIA, Critique d'art et curator. [3] FONS WELTERS, Galerie Fons Welters, Amsterdam.

spécialité. Elle devrait être dévouée et enthousiaste, et capable de transmettre son intérêt au public, en pensant fermement qu'il participera activement à cet engagement.[1]

DE TRAVAILLER AU-DELÀ DES FRONTIERES.[2]

CELA SERA DAVANTAGE UN LIEU DE PRODUCTION et de diffusion que d'exposition. Les institutions produiront et diffuseront principalement des informations et des structures, au lieu d'objets d'art transportables. Les institutions seront de beaux endroits agréables et confortables, conçus pour que les gens puissent y travailler (avec des ordinateurs portables), manger, boire et, à l'occasion, dormir. L'équipe, les artistes et le public s'échangeront souvent leur rôle. Les institutions fonctionneront aussi comme un hôtel pour les artistes et ceux qui voyagent d'une institution artistique à l'autre.[3]

UNE INSTITUTION DEVRAIT POUVOIR ETRE CRÉATRICE et partie prenante d'un lieu pour la production des artistes (beurre/fois gras/pain). En dehors des réflexions historiques, être un instigateur et un moteur pour le développement de la pratique (path thaï). Des projets sur lesquels différentes personnes travaillent en même temps, dans un esprit de collaboration ou, plutôt, d'intégration (bollito misto). Définir les problèmes et s'inspirer des possibilités de solutions pour organiser les expositions (vodka Martini/glaçons/deux olives). Les projets sur lesquels on peut travailler sur une plus longue durée, pas seulement de façon conceptuelle mais aussi concrète, sont très efficaces et intéressants (canard pékinois). Car le concept de satellites et liaisons spatiales devrait en faire partie (hot dog).[4]

J'ATTENDS D'UNE INSTITUTION du 21e siècle qu'elle nie constamment être une institution. Qu'elle travaille en réseau, qu'elle soit flexible et transparente. Qu'elle

[1] NICHOLAS LOGSDAIL, Lisson Gallery, Londres. [2] CARLOS BASUALDO, Curator. [3] DORA GARCIA, Artiste. [4] TOBIAS REHBERGER, Artiste.

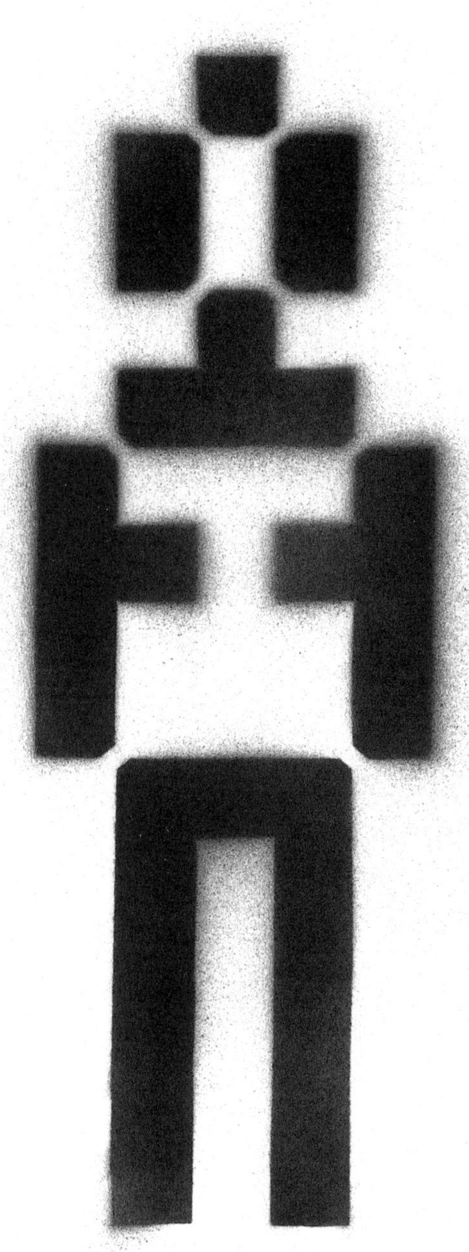

D'ENTRER DANS UNE SALLE, une situation, qui définit ma propre présence. Un endroit qui change selon la manière dont je me déplace. Un espace dans lequel les pensées solitaires peuvent être partagées.[1]

---

soit innovante et créative - non pas à la place des
artistes, mais avec les artistes. Qu'elle soit
pédagogique et réceptive - dans le contexte d'un public
actif. Qu'elle soit subjective, locale et cosmopolite -
pour le futur.[1]

BIENTOT, LE MUSÉE GUGGENHEIM et l'Hermitage vont ouvrir
des succursales à Las Vegas. Ce faisant, ils s'apprêtent
à renforcer le processus d'institutionnalisation de
la culture, transformant l'impulsion créative de la
modernité, non seulement en héritage et patrimoine,
mais aussi en valeur de divertissement mondial.
Non pas qu'il y ait à redire à cela. «Apprendre de Las
Vegas» n'a jamais été aussi vrai, aussi faux, aussi
abusif.
Des musées, j'attends qu'ils se promènent le long de
la ligne de fracture entre la certitude immorale et les
doutes moraux, explorant le rôle de la production
culturelle interdisciplinaire, dans un plus large
contexte culturel, géographique, social. Le musée du 21e
siècle (quel qu'il soit) devrait être un lieu public,
un lieu pour la négociation symbolique, un lieu concevant
le décalé. Un lieu où le public, les invités (comme ils
disent chez Disneyland), non seulement participe mais
aurait aussi toutes les chances de découvrir qui a tué
Bambi.[2]

EST-IL POSSIBLE DE REVER du musée de Malraux sans murs
comme réalité pour le 21e siècle? La nouvelle institution
va être un corps avec de la peau, des os, des organes.
La peau sera la boîte, le conteneur, l'emballage qui
définira son identité dans le contexte urbain. Les os
seront tous ces services qui permettront à chacun de
faire du musée sa maison chaque fois qu'il le désirera.
Enfin, les organes seront les expositions qui, comme tous
les organes, devront être nourries avec du sang frais
pour bien fonctionner. Mais la nouvelle institution,
comme n'importe quel corps, aura besoin de temps à autre

---

[1] SUNE NORDGREN, Directeur, BALTIC Centre for Contemporary Art, Gateshead. [2] PHILIPPE
VERGNE, Curator, Walker Art Center, Minneapolis.

d'un lavement intellectuel et culturel, pour purifier sa
vision et sa mission, pour durer plus longtemps et
fonctionner correctement. Le problème est qu'aujourd'hui,
ceux qui passaient pour des lieux expérimentaux dans le
domaine de l'art et de la culture contemporaine se
transforment en lieux établis, et de rares tentatives ont
été faites pour créer de nouveaux corps. Dans un sens, il
s'agit là du même phénomène qui se poursuit dans toute la
culture occidentale, pas de nouveaux bébés à l'horizon et
le renouvellement générationnel court le risque de
disparaître, laissant un panorama plein de squelettes.[1]

---

๕ LES INSTITUTIONS D'ART CONTEMPORAIN doivent continuer
de changer, à l'image de l'art qu'elles présentent. Les
institutions des premières décennies du 21e siècle
devront être différentes des institutions des dernières
décennies du 20e siècle, tout comme l'art lui-même sera
différent. Les institutions consacrées à la présentation
du nouvel art devront avoir une flexibilité qui leur
permette de s'adapter aux derniers développements
artistiques. Elles devront aussi montrer suffisamment
d'audace pour aider à définir la manière dont le nouvel
art est présenté et perçu, et non se contenter de réagir
aux tendances artistiques. Un nouveau public est en train
d'émerger: il ne différencie pas le nouvel art de la
musique, du cinéma, de la mode et du design innovants.
Ce nouveau public peut potentiellement donner au nouvel
art une place centrale dans la culture contemporaine et
à l'institution artistique contemporaine bien plus
d'importance aussi. L'institution du 21e siècle devra
être une structure de diffusion aussi bien qu'une
structure d'exposition. Placer de l'art sur le mur ou sur
le sol et le reproduire dans un catalogue ne suffiront
plus. L'institution devra être un centre de
communication, pas seulement d'exposition.[2]

---

๕ UNE INSTITUTION du 21e siècle devrait être définie
par ce qui n'existe pas déjà et par ce dont on a besoin.

---

[1] FRANCESCO BONAMI, Curator, Museum of Contemporary Art, Chicago. [2] JEFFREY DEITCH, Deitch
Projects, New York.

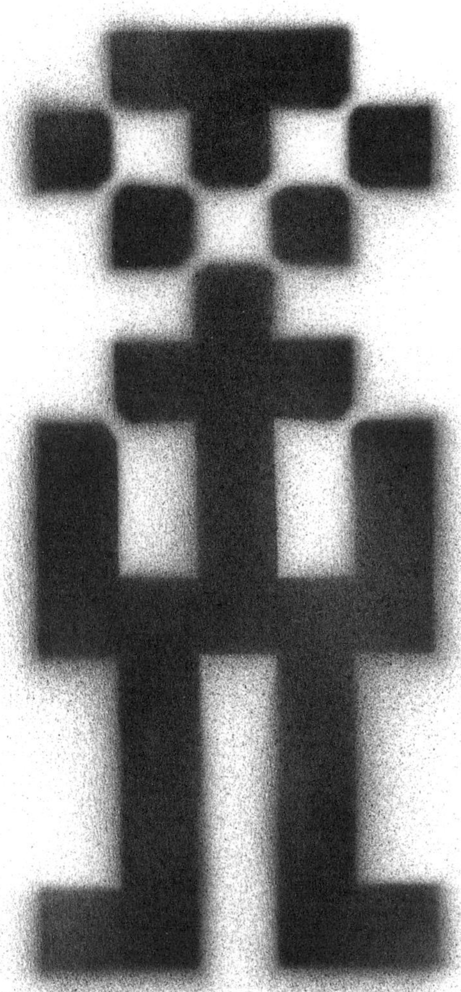

UNE BONNE INSTITUTION commence par montrer des bonnes
œuvres. Le reste suivra.[1]

---

[1] DANIEL BIRNBAUM, Directeur, Städelschule, Francfort.

Intellectuellement et structurellement, elle devrait être
flexible pour continuer à s'adapter et à examiner les
besoins de la communauté (locale et internationale).
D'un point de vue architectural, elle n'est pas du tout
obligée d'exister. Je ne peux pas m'empêcher de penser
aussi à Groucho Marx qui disait qu'il ne voudrait jamais
être membre d'un club qui le compterait parmi ses
membres. Peut-être que l'institution dans son désir de
changement et d'être à la fois stimulante et utile sera
finalement désavouée par le terme institution.[1]

✻ A TRAVERS DES COLLABORATIONS et une programmation
créatives, j'attends d'une institution artistique du 21e
siècle qu'elle révise constamment des mots tels que
mainstream, globalisation, qualité et alternative.
Elle devrait offrir des esthétiques différentes et des
perspectives rafraîchissantes sur des réalités multiples,
dans le but d'accueillir de nouveaux publics. C'est dans
la création de nouveaux publics que résidera la force
de l'institution artistique.
Avec une programmation honnête et audacieuse,
l'institution du 21e siècle renouvellerait
continuellement la pensée intellectuelle et, finalement,
si ce n'est principalement, elle tiendrait compte du
plaisir pur.[2]

ₐ D'UNE FAÇON OU D'UNE AUTRE, nous sommes tous concernés
par le taux de fréquentation. Dans ce sens, l'institution
travaille en pilotage automatique puisqu'elle a hérité
de cette manière de fonctionner. Elle est soutenue
par les pouvoirs en place et bénéficie de l'attention
des médias. L'institution devrait être réceptive et
active dans un contexte local et global. Son devoir est
de participer au développement de l'art et de créer une
nécessité artistique au sein de sa propre communauté.
Si l'institution ne peut accomplir cette tâche, elle
devrait aider économiquement les personnes qui le
peuvent.[3]

---

[1] MARTIN BOYCE, Artiste. [2] SILVIA KARMAN CUBIÑA, Curator indépendant, Puerto Rico.
[3] BEGOÑA MUÑOZ, Artiste.

♟ LES INSTITUTIONS ARTISTIQUES GRAND PUBLIC du 21e siècle continueront vraisemblablement à reproduire la plupart des aspects positifs et négatifs qui ont marqué la culture institutionnelle du 20e siècle. La récente tendance des grands musées d'art internationaux à s'engager dans des partenariats de marketing mégafusionnel et des expansions d'entreprises mondiales, par exemple, ne semble pas un présage optimiste pour une réflexion sérieuse autour du potentiel d'une évolution institutionnelle significative.
Les nouvelles institutions artistiques ambitieuses du 21e siècle – ayant absorbé la critique institutionnelle énoncée explicitement ou exprimée implicitement dans une grande partie de l'art majeur de la seconde moitié du 20e siècle – devront créer de nouvelles formes pour la production, la distribution et l'évaluation de l'expression culturelle et du travail créatif. Comme par le passé, les plus pertinentes de ces nouvelles structures permettront à l'art de notre époque de gérer les possibilités d'une innovation institutionnelle. Une telle institution idéale privilégierait une générosité naturelle, la transparence et la flexibilité; manifesterait sa méfiance à l'égard de la hiérarchie et de la bureaucratie; inventerait de nouveaux modèles d'indépendance économique et de viabilité; démontrerait un respect fondamental pour les besoins variés des nombreux publics potentiels; et défendrait l'importance capitale de la liberté d'expression dans toutes ses formes multiples, conflictuelles et provocantes.[1]

♟ QU'ELLE CRÉE UN VÉRITABLE LIEN entre le public et les différentes expressions artistiques, sans aucune frontière de disciplines, nationalités, styles ou périodes.[2]

♟ UNE INSTITUTION AU 21E SIECLE ne peut probablement pas être autre chose que ce qu'elle est déjà aujourd'hui: une scène où des personnes d'horizons les plus divers peuvent

---

[1] JAMES RONDEAU, Associate curator, The Art Institute, Chicago. [2] PHILIPPE TERRIER-HERMANN, Artiste.

développer leur désir constant d'interpréter et de
décrire le monde qui les entoure, d'une nouvelle façon.
En d'autres termes, je ne sais pas du tout à quoi d'autre
m'attendre. Une requête, peut-être: les histoires qui
sont racontées dans les musées ou ailleurs devraient plus
que jamais concerner le monde contemporain afin de ne pas
égarer l'attention et, du coup, leur signification.[1]

⚴ JE PENSE QU'IL DEVRAIT Y AVOIR UNE DIFFÉRENCE entre les
fonctions d'un musée et celles d'une galerie ou d'un
centre d'art. Les galeries et centres d'art devraient se
montrer extrêmement ouverts par rapport à ce qu'il se
passe dans l'art d'aujourd'hui, et les musées devraient
essayer de repérer et acquérir la crème de ce qui est
présenté dans les galeries et centres d'art. Mais les
musées et les galeries qui laissent une vraie trace dans
le développement de l'art et de son histoire sont ces
quelques endroits dirigés par des curators passionnés et
visionnaires; et de tels curators ne se trouvent pas sur
commande ou par un coup de baguette magique. Ils sont
envoyés par les dieux, comme les artistes…[2]

⚰ UN CENTRE D'ART DE NOTRE SIECLE devrait proposer des
structures d'interprétation pour les expressions
contemporaines interdisciplinaires. Il devrait être un
centre de dialogue où les idées et expériences sont
échangées et stimulées. Vu cette époque de globalisation,
au cœur de la programmation du centre devraient figurer
une conscience et un encouragement des expressions issues
de divers domaines - qui bénéficient rarement d'une
attention se manifestant de manière nouvelle,
intéressante et complexe - et de leur impact sur les
principales institutions.[3]

⚰ QU'ELLE PRÉSENTE À SON PUBLIC ce qu'elle croit être les
meilleurs, les plus intéressants, les plus fascinants
champs de la pratique contemporaine, qu'ils soient nés au
coin de la rue ou aux antipodes. Qu'elle tienne compte

---

[1] OLAF BREUNING, Artiste. [2] JONAS MEKAS, Cinéaste. [3] VICTOR ZAMUDIO-TAYLOR, Curator
indépendant et chercheur, New York et Mexico.

des innovations technologiques sans se laisser déborder
par elles et qu'elle s'efforce d'être élastique mais
originale. Et qu'elle serve du bon café.[1]

⚲ DANS UNE ERE DE SPÉCIALISATION et de concentration
commerciale dans chaque marché spécifique, il serait
souhaitable d'inaugurer des voies de communication
interdisciplinaire. Le privilège d'une institution
artistique est de pouvoir travailler avec toutes ces
disciplines – et sur un plan international –, comme
l'architecture, la photographie, le multimédia, la vidéo,
la mode, et mélanger toutes ces entités séparées qui
conçoivent l'espace, l'âme et les objets quotidiens de
notre identité. Un forum et un melting-pot pour
multiplier le potentiel des initiatives individuelles.
En les ouvrant à une existence groupée de communication
partagée.[2]

⚲ EN SOI, UNE INSTITUTION REPRÉSENTE À PEINE plus qu'une
salle vide. Mais à travers la concentration d'idées
créatives et l'adhésion à de hauts critères de
commissariat d'exposition, cette salle vide devient alors
un espace de communication où des choses se passent.
L'institution a la responsabilité de continuer à tenter
de rendre le monde un peu meilleur.[3]

⚲ SI VOUS ETES JOHN, mieux vaut être Lennon que Cage.[4]

⚲ IL ME SEMBLE QU'UN DES PROBLEMES dont une institution
artistique devrait avoir conscience au 21e siècle est
ce que j'appellerais la transparence. Toutes les
activités qui sont directement liées à l'art devraient
être clairement séparées des autres manifestations
qu'organise un musée. Cependant, le public devrait – dans
l'idéal – pouvoir visualiser le fonctionnement d'un
musée. Ce qui serait possible en faisant des «trous» dans
les murs ou en posant des surfaces vitrées, de sorte que
les visiteurs puissent avoir un aperçu de la façon

---

[1] KATRINA BROWN, Directrice, Dundee Contemporary Arts Centre, Dundee. [2] CARLO PONTI,
Créateur de mode. [3] PAULA BOETTCHER, Galerie Paula Boettcher, Berlin. [4] JIRO, Architecte.

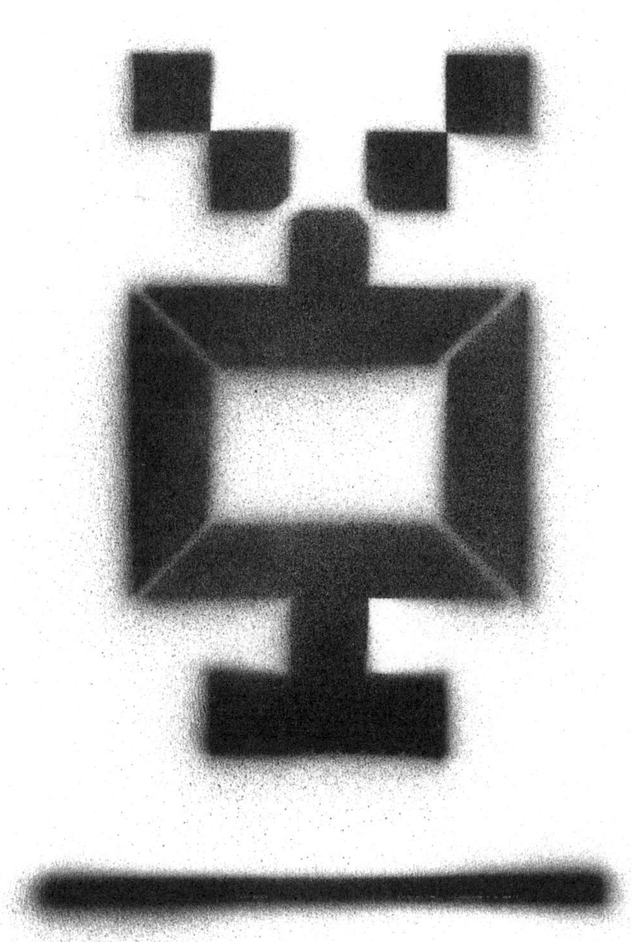

DE L'ART ORIGINAL, DES SOLS PROPRES, de jolies lumières, de belles fêtes, des buffets gratuits.[1]

---

[1] LIZA LOU, Artiste.

de travailler de l'administration, de l'équipe de
curators et du personnel technique.[1]

⚥ AU 21E SIECLE, une institution artistique devrait
continuer à développer le caractère moral du monde de
l'art. Toute personne concernée par l'art s'intéresse
à l'expansion des possibilités humaines ou à une
meilleure compréhension de ses relations avec le monde
qui l'entoure. Une institution devrait créer un
environnement dans lequel les participants se sentiraient
en sécurité et optimistes à l'idée d'affronter leurs
craintes, afin d'en sortir plus forts, avec une plus
grande compréhension du monde. L'institution continuerait
donc d'étendre l'aspect le plus positif des possibilités
de l'art.[2]

⚥ IL EST IMPORTANT pour toute institution culturelle
d'adapter ses ressources pour soutenir au mieux les
artistes et les autres producteurs culturels. Cela
implique une compréhension profonde de la façon dont
évoluent les pratiques culturelles et des nouveaux
besoins qui en découlent: des projets artistiques autour
des médias, sans durée ou support déterminés, ne peuvent
être traités comme des formes d'art plus traditionnelles,
telles que peintures, photographies, dessins ou
sculptures. Ce qui se traduit, par exemple, par des
besoins aussi concrets que des espaces insonorisés
flexibles, qui peuvent être facilement plongés dans
le noir et proposer une connectique adéquate. Ce qui
signifie que l'institution, en plus d'être une interface
publique, est également un producteur et un promoteur,
et qu'elle fonctionne avec aisance au-delà du délinéament
de ses murs (online, espace public, etc.).[3]

⚥ L'INSTITUTION ARTISTIQUE IDÉALE du 21e siècle devrait
résulter de la combinaison fonctionnelle d'une équipe
réfléchie, enthousiaste, ouverte d'esprit et
professionnelle, et d'un espace physique qui peut servir

---

[1] JAN HOET, Directeur, SMAK, Gent. [2] JEFF KOONS, Artiste. [3] BENJAMIN WEIL, Curator,
SFMOMA, San Francisco.

d'environnement à différentes sortes d'activités du domaine de la culture visuelle, sans oublier ses croisements naturels avec d'autres disciplines.
Elle devrait se montrer plus qu'attentive aux questions sociales, politiques, esthétiques et éthiques, et être capable d'augmenter la sensibilité du public (et la sienne) par rapport à différents aspects de la vie humaine, de susciter la réflexion, la discussion et l'action. Mais le plus important, au final, c'est qu'elle devrait pouvoir initier tout cela à travers des projets qui iraient droit au but, qui bénéficieraient d'un potentiel maximum pour communiquer avec le public, et c'est là que le pragmatisme pur l'emportera![1]

✳☿✳ ORGACOM FAIT DE L'ART CONTEMPORAIN à partir du sujet: «cultures de groupes» et, par conséquent, travaille en collaboration avec des entreprises et des organisations. Les institutions qui montrent le travail et le concept d'Orgacom aident à alimenter le débat sur les relations entre l'art et les entreprises, et sur les différents rôles que l'art peut jouer au sein des entreprises.
A l'avenir, nous aimerions voir les institutions artistiques alimenter ce débat. La reconnaissance institutionnelle nous aide à gagner en crédibilité dans le monde des affaires, aussi bien que dans le monde de l'art. De cette manière, les institutions nous soutiennent dans nos projets, même si nous ne comptons pas sur elles pour nous exposer.[2]

☿ PARLE-T-ON SPÉCIFIQUEMENT de l'institution artistique ou de l'institution en tant que composante structurelle de la société? En tout cas, il est révélateur que la compétence institutionnelle contemporaine semble s'organiser de plus en plus en fonction de la flexibilité et des effets globaux. Et je ne suis pas si convaincu par la flexibilité en tant que qualité institutionnelle: en général, cela signifie que la volonté de maintenir

---

[1] PAULA TOPPILA, Curator, Finnish Fund for Art Exchange, Helsinki. [2] ORGACOM (Teike Asselbergs et Elias Tieleman), Artistes.

la production dans un scénario donné vient avant
la volonté d'analyser ce scénario. J'attends d'une
institution du 21e siècle qu'elle ne cède pas aux
idéologies de marché, qu'elle reflète activement le
monde environnant et qu'elle poursuive des stratégies
qui donnent au public des outils de réflexion.[1]

♀ J'ATTENDS QU'ELLE SOIT UN FANTASTIQUE TERRAIN DE JEU
pour la réflexion, la création et l'expression – et tout
simplement un lieu sympa où traîner![2]

♀ JE PENSE QUE TOUTE INSTITUTION – qui m'intéresse
réellement – se crée une forte identité à travers une
programmation cohérente et intelligente.
Bien sûr, je ne dis pas qu'elle devrait être prévisible
ou non expérimentale (c'est évidemment l'aspect le plus
excitant!), mais j'aime l'idée que les manifestations ou
expositions entretiennent en quelque sorte une
conversation, et que les artistes soient choisis pour une
raison plus intéressante que leur nouveauté ou leur côté
tendance. Et ce que je préfère, c'est l'idée qu'au fil
des ans, les curators et les artistes essayent de dégager
ensemble une ligne de réflexion…[3]

♀ CHAQUE PROJET D'EXPOSITION devrait être une raison
d'inventer une nouvelle approche et de créer une
possibilité pour l'imprévisible.[4]

♀ DES CENTRES D'ART DU 21E SIECLE, nous attendons
qu'ils se comportent comme des centres. Si, du point
de vue de la quantité, un grand progrès a été accompli,
en particulier dans les années 90 – ce qui est aussi
évident dans la mutation des institutions en
multinationales –, nous espérons alors que de nouveaux
critères seront introduits afin de compléter l'ensemble
de ceux qui permettent d'identifier l'art et qui,
manifestement, ne sont plus adéquats.[5]

---

[1] LARS BANG LARSEN, Critique et curator. [2] CATHERINE LEFEBVRE, Curator, DCA Foundation,
Copenhague. [3] ANNIE FLETCHER, Auteur et curator. [4] CHARLOTTE VON POEHL, Artiste.
[5] IRWIN, Artistes.

LE LIEU QUI OFFRE DES DIRECTIONS FLUCTUANTES POUR
DES MILLIERS DE FONCTIONS
Laissant la porte ouverte à la réalité, dans les idées
permanentes des sensations passagères.
Différentes strates de formulations.
Pleines de fantaisie et de liberté d'expression.
Que nos rêves continuent…
Nécessité de vivre des expériences ensemble.
Comme un divertissement social.
Folie et silence, chaos et calme.
Sale et propre, utile et inutile.
Donner et recevoir de la vie haute en couleur.
Offrir notre plus chaleureuse relation.
Le lieu où des situations imprévisibles apparaissent.
Peut-être plus de mouvement, peut-être moins…
Il est important pour nous de connaître différents degrés
de création, autant que possible.[1]

LES INSTITUTIONS ARTISTIQUES contemporaines ont
tendance à proposer des structures dépassées au lieu
de scénarios inventifs pour représenter et encourager
les formulations artistiques, donc subjectives, des
changements fondamentaux qui ont lieu partout dans
la société. En même temps, il est sans doute exagéré
de souhaiter que n'importe qui, n'importe où, soit
complètement au top, extrêmement bien informé,
luxueusement emballé et hautement critique, tout à la
fois. Les institutions auront besoin de temps pour y
réfléchir, au moins des deux premières années du 21e
siècle. Par conséquent, je ne m'attends à rien.[2]

EN TANT QU'ARTISTE entrant dans sa trentaine au 21e
siècle, je trouve qu'il est très difficile de répondre
à votre question: si je la prends au sérieux, je crains
d'avoir l'air trop naïf; si je réponds en plaisantant,
je pourrais devenir cynique. Et cette attitude serait
injuste à votre égard car je pense toujours que la
question est intéressante. Et puis, ce que j'aime dans
votre question, c'est le côté naïf que vous montrez en

---

[1] SURASI KUSOLWONG, Artiste. [2] DANIEL VAN DER VELDEN, Graphiste et texturer.

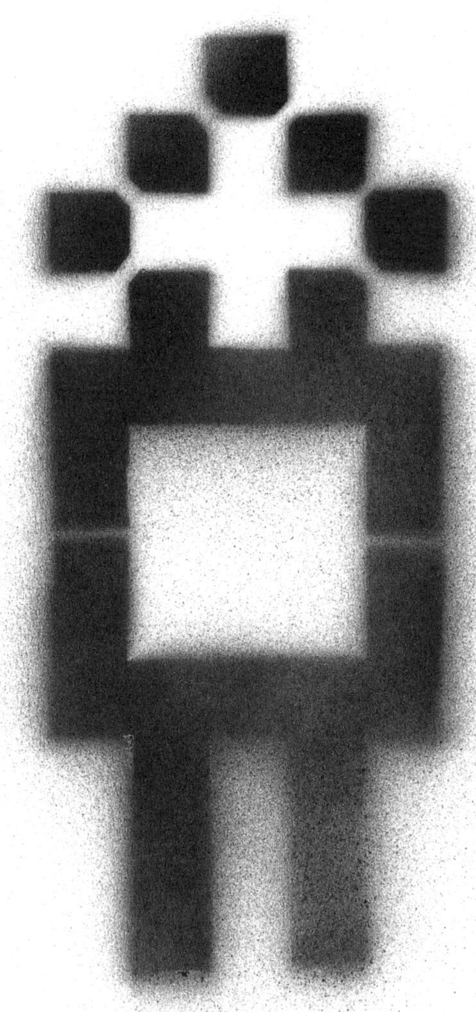

Ø NOUS TRAVERSONS L'AGE BAROQUE de l'art contemporain
où tout est possible, où n'importe qui peut exposer
n'importe quoi et où, par conséquent, rien n'est plus
pertinent, rien n'a plus de sens. Cette indifférence
esthétique et politique découle d'un conservatisme
général qui circule partout dans l'institution, depuis
les collectionneurs et mécènes jusque chez les artistes
eux-mêmes. Alors que le rôle et la place de l'art
diminuent sans cesse dans la société, l'institution
réagit en se rendant encore moins nécessaire, usant
d'apartés maniérés et de jargon dénué de sens pour
remplacer l'autocritique et la remise en question face
aux évolutions résultant d'une explosion de
l'information. Nous avons besoin de moins d'homogénéité
et de plus de différence, d'articulation des positions
plutôt que de report de responsabilité en faveur du
marché. Moins de directeurs, plus de direction!!![1]

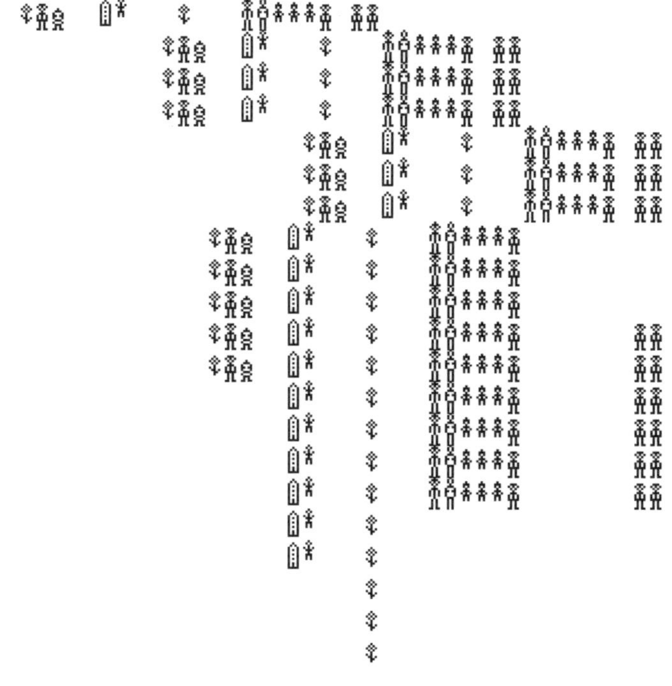

---

[1] KENDELL GEERS, Artiste.

envisageant une aussi longue période de temps. Peut-être
que tout ce que j'attends, c'est une sorte de «naïveté»,
des signes particuliers de bonne volonté.[1]

⚥ QU'ELLE SOIT HUMBLE,
qu'elle soit consciente de son propre automatisme de
centralisation,
qu'elle relie son propre objet à la société en général,
qu'elle s'ouvre aux projets individuels,
qu'elle travaille à sa fin.[2]

⚥ QU'IL N'Y AIT AUCUNE TRACE de l'institution, seulement
de l'art.[3]

⚥ POUR NOUS, EN TANT QUE DESIGNERS/ARTISTES, une
institution artistique moderne doit être plus flexible
et plus facile à aborder que les institutions déjà en
place, avec leur grosse machine bureaucratique qui bloque
plus qu'elle n'aide. Du point de vue du visiteur, nous
espérons plus de projets en cours que d'expositions
arrêtées. Ce serait bien aussi qu'il y ait une section
complètement indépendante de l'art «tendance»
(= hype/artistes commercialement exploités), qui
accueillerait des personnes travaillant en dehors du
système de l'art (et/ou même d'autres systèmes), pour
donner un plus large éventail d'options et un meilleur
témoignage sur l'art d'aujourd'hui. L'institution devrait
également entretenir un contact avec la vie extérieure,
pour ne pas être un lieu où l'art est enfermé. Les
multiples niveaux (en particulier dans un endroit aussi
incroyable que le Palais de Tokyo) devraient être aussi
différents que possible, de sorte qu'il y ait de
nombreuses options pour voir et montrer l'art dans des
contextes et environnements variés.[4]

⚥ AU 21E SIECLE, l'institution artistique ne sera plus
pertinente dans sa forme actuelle. Son statut de
sanctuaire sera remis en question et sa fonction de

---

[1] CARLOS AMORALES, Artiste. [2] BART DE BAERE, Curator. [3] GRAHAM FAGEN, Artiste.
[4] BLESS, designers et artistes.

«boîte» pour œuvres précieuses sera subordonnée à des
nécessités plus urgentes.
Elle deviendra un facteur social et assumera une fonction
critique en tant qu'agent et protagoniste culturel dans
son contexte local. Une plate-forme pour un discours qui
dépasse ce que l'on entend habituellement et qui est
qualifié et informé par la pratique artistique. Un point
de rencontre hybride où les artistes et le public se
rencontrent, regardent, sentent, pensent, parlent,
mangent, se séduisent, font la fête. Un lieu pour et avec
une autre vie.[1]

POUR SURVIVRE au 21e siècle et maintenir leur
pertinence, les institutions artistiques devront fournir
de véritables efforts pour aborder un problème qu'elles
ont trop fréquemment ignoré au siècle dernier: la vitesse
alarmante à laquelle ne serait-ce que l'idée même d'une
sphère publique s'évapore.
Etant donné que les espaces de communauté publique sont
parasités par les rituels quotidiens souvent appauvris et
généralement lénifiants de la vie du consommateur, les
institutions artistiques doivent non seulement
reconnaître leur propre culpabilité concernant la chute
de l'art dans le business, mais encore s'atteler à leur
mission consistant à présenter et juxtaposer divers
projets artistiques qui (sans tomber dans la pédanterie
ou la prescription) offrent aux visiteurs des formes
alternatives d'expérience et des moyens critiques de
comprendre le monde dans lequel nous vivons.[2]

J'ESPERE QU'UN CENTRE D'ART du 21e siècle surprendra
continuellement avec ses espaces d'activité, ses
affiliations et ses collaborations. Son identité
hanterait et perturberait l'imagination, provoquant et
catalysant l'évolution culturelle, au lieu de se résumer
à un beau bâtiment avec quelques curators dont le rôle
consiste simplement à montrer une histoire déformée de
cette culture. Si on écoutait les artistes en premier et
les marchands en dernier, ce changement pourrait avoir

---

[1] LARS GRAMBYE, Directeur, DCA Foundation, Copenhague. [2] CANDICE BREITZ, Artiste.

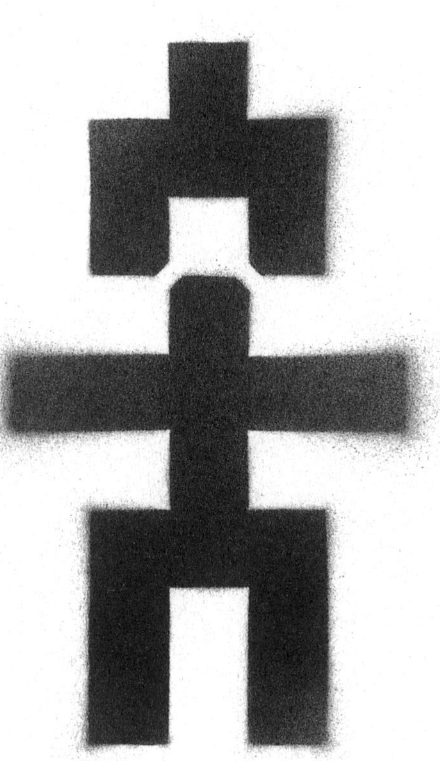

⚗ AVEC RÉALISME, je m'attends à ce que l'institution
continue d'étouffer toute sorte de créativité, à ce
qu'elle se montre rigide et snob comme toujours, et à ce
qu'elle reste protégée par des imbéciles incompétents
sans imagination, qui ne pensent qu'à garder leur poste.
Et je m'attends à ce que les artistes continuent de
lécher le cul à l'institution au lieu de changer les
choses.[1]

---

[1] JES BRINCH, Artiste.

lieu. Tous les trois ou quatre ans, lorsque les artistes produiront des travaux ennuyeux, le centre devrait fermer temporairement en signe de protestation.[1]

✳ LA FONDATION SANDRETTO RE REBAUDENGO pour l'art s'est aussi penchée sur la question des caractéristiques d'un centre d'art pour le 21e siècle, en particulier maintenant qu'approche l'inauguration du nouvel espace à Turin, prévue pour 2002.
Je pense qu'un centre d'art ne devrait plus avoir une «forme» traditionnelle (dans laquelle on présente uniquement les œuvres), mais plutôt représenter un espace «ouvert», c'est-à-dire un lieu pour le public qui ne se contente pas de fournir des services tels que bibliothèque, matériel audiovisuel, Internet, etc., ou encore une librairie et une cafétéria, évidemment, mais qu'il fonctionne aussi comme un espace dans lequel la contamination avec d'autres disciplines artistiques est possible: la musique, la vidéo, le cinéma, l'architecture et les nouveaux médias.[2]

✿ PRÉSENTATION DE L'ART contemporain, forum pour l'échange local et international, centre de recherche, plate-forme pour de nouvelles inventions, interventions, discussion et développement, liens avec d'autres parties de la société, éducation, communication online, flexibilité, miroir de notre époque et cœur de la ville.[3]

☗ LES CENTRES D'ART et les institutions artistiques devraient diffuser de l'information de qualité, mais sans oublier d'être sexy![4]

☗ JE M'ATTENDS À UN CENTRE INTERDISCIPLINAIRE CONVIVIAL d'activités liées à la culture de masse. La version politiquement et artistiquement correcte de la trash-TV dans sa satisfaction instantanée, son consensus et ses exercices interactifs pour enfoncer les portes à coups de pied. La barbe!

---

[1] ADAM CHODZKO, Artiste. [2] PATRIZIA SANDRETTO RE REBAUDENGO, Directrice, Fondation Sandretto Re Rebaudengo, Turin. [3] JARG GEISMAR, Artiste. [4] SABINE SCHASCHL, Curator indépendante.

Ce que je veux c'est une institution qui ne craint pas
d'être une institution. Un lieu où le public qui s'y
connaît et celui qui s'y connaît moins soient stimulés
par la réintroduction de la critique, où l'on remue ciel
et terre, un site de résistance contre le conformisme.
Qu'il s'agisse de la scène locale ou internationale. Pour
réussir, ce lieu doit être très sexy. A la place du
nivellement attendu des différences, je veux voir leur
dynamique. Il y aura des fêtes, de la vraie mode, de
véritables débats, des scandales et, bien sûr, des
expositions ficelées avec… art et intelligence, la crème
à tous les niveaux. En résumé: un lieu prestigieux et
ouvert à tout le monde.[1]

QU'ELLE AIT UN BUDGET CONVENABLE pour la rémunération
des artistes.[2]

UN MUSÉE ne devrait représenter rien de plus qu'une
structure ouverte, suffisamment dynamique pour répondre à
toutes les nécessités de l'art.[3]

LE MUSÉE EST LE MÉDIA! Il doit communiquer avec ses
expositions, son architecture, ses livres, les œuvres
d'art appartenant à sa collection, etc. En d'autres
termes, nous devons faire face au fait que le travail et
la discussion autour de l'art ne correspondent plus à une
occupation élitiste et sublime, mais à un devoir envers
le public et les artistes. La qualité unique de l'art, sa
puissance esthétique et critique tomberont dans l'oubli
si les institutions ne se frottent pas à la société des
médias: en l'utilisant, la déstabilisant et l'analysant![4]

UNE TELLE INSTITUTION devrait agir comme un catalyseur,
mettant les artistes en contact avec la science, la
technologie, l'industrie et le business. Et elle a besoin
d'un P.T. Barnum pour faire tourner la maison, d'un
«bricoleur» d'opportunités pour des actes créatifs.[5]

---

[1] LARS NILSSON, Artiste. [2] BORIS KREMER, Curator. [3] BURKHARD RIEMSCHNEIDER,
Neugerriemschneider, Berlin. [4] CHRISTOPH DOSWALD, Curator et critique d'art.
[5] DAVID MACH, Artiste.

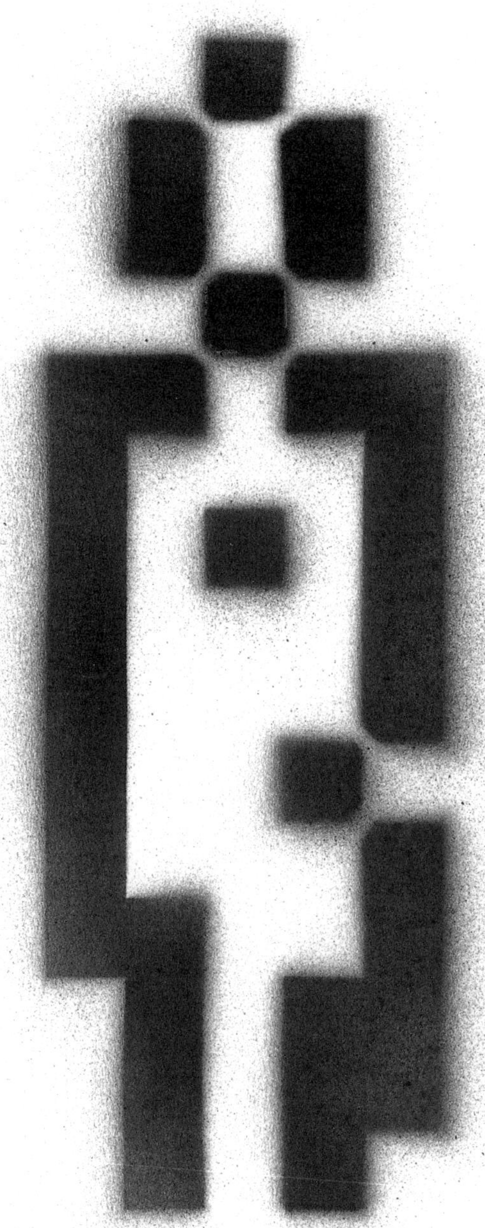

✳ TETES BRULÉES, professionnalisme, expérimentation, vie, théorie, contemplation, collaboration, argent, bonne ambiance, idées, technologie, politique, fêtes, nouveaux amis, organisation moins hiérarchisée, histoire, responsabilité, art, production, phénomènes, consommation, plus de femmes artistes, investissement, business, musique, recherche, délire, publications dignes d'intérêt, expériences étranges, posters cool, cocktails, mort, fumée, anarchie, futur.[1]

---

[1] HENRIK PLENGE JAKOBSEN, Artiste.

✻ J'AIMERAIS VOIR plus d'institutions qui se concentrent sur le processus et les projets au lieu de faire du remplissage d'espaces (les expositions); des institutions qui n'aient pas forcément un espace permanent; des institutions avec une structure formelle plus souple et un concept plus précis derrière leurs activités; des institutions qui soient en interaction non hiérarchique avec leur environnement local et qui, en même temps, aient des ambitions et présentent des manifestations dépassant leur ville, leur pays et leur culture d'origine.[1]

Ǒ L'INSTITUTION ARTISTIQUE DU FUTUR devrait se rapprocher des artistes, de la production des œuvres, beaucoup plus du public aussi. Le plus important, c'est qu'une telle évolution ne devrait pas avoir l'air d'une pirouette à la mode, mais d'une stratégie véritablement réfléchie. On peut dire qu'à l'heure actuelle, de nombreuses institutions montrent effectivement un tel comportement. Le seul problème c'est que, dans la plupart des cas, il n'est pas sincère. Encore une chose (notamment en France): évitez l'Etat. Ou créez une situation où la loi obligera l'Etat/les politiques à fonder des institutions sans avoir le droit d'interférer dans leur programmation (ou dans leur façon de fonctionner).[2]

✻ QU'ELLE CHANGE LE MONDE! Qu'elle propose une pratique du commissariat d'exposition qui soit – sur le plan théorique et méthodologique – aussi riche et diverse que la vie quotidienne, qui ne s'arrête pas là où l'art s'arrête mais qui se répercute sur les réalités sociales et politiques de la société via une approche interdisciplinaire et non hiérarchique. Le Palais de Tokyo doit élargir les horizons et la conscience par rapport aux possibilités et potentiels de chaque être humain qui vient à son contact.
Il doit proposer une révolution de l'esprit afin de créer une révolution du présent![3]

---

[1] JENS HAANING, Artiste. [2] NEDKO SOLAKOV, Artiste. [3] JENS HOFFMANN, Curator et auteur.

UN CENTRE D'ART du 21e siècle devrait être voué à la présentation et à l'explication du travail d'artistes vivants, donnant les clés nécessaires pour le rendre accessible à la société.[1]

L'ART DEVRAIT OUVRIR SES PORTES à la culture de la rue, à des peintres tels que Futura 2000 et Lee Quinones.[2]

LES MUSÉES DEVRAIENT ETRE INVISIBLES. J'aime les œuvres d'art et les institutions qui échappent à toute présence physique. Des choses qu'on peut transporter dans son esprit ou dans ses poches. Ce n'est pas une question de paresse ou de frustration: peut-être qu'il s'agit d'une forme d'ascétisme. Avec un musée imaginaire, on peut faire tout ce que l'on veut, on peut y penser avant de s'endormir ou on peut commencer sa journée en le construisant à partir de zéro. Et si ça ne marche pas, il n'y a pas de quoi avoir honte. On peut toujours dire que c'était juste un exercice. Au final, je pense simplement que l'invisibilité donne une certaine force.[3]

CE QUE J'ATTENDS de l'institution artistique au 21e siècle:
1) entrée libre dans les institutions artistiques du monde entier;
2) nourritures et boissons à discrétion dans les cafés des institutions artistiques du monde entier;
3) accès libre à un bureau avec téléphone et Internet à dispo dans les institutions artistiques du monde entier (l'artiste accepte un usage restreint aux heures d'ouverture);
4) utilisation d'une salle de conférence dans les institutions artistiques du monde entier (l'artiste préviendra la veille);
5) entreposage gratuit de mes œuvres dans les institutions artistiques de mon choix;
6) gratuité des travaux photo, de l'archivage et des services web concernant mes œuvres;

---

[1] CARLOS URROZ, Galerie Helga de Alvear, Madrid. [2] CLAUDE GRUNITZKY, Editeur.
[3] MAURIZIO CATTELAN, Artiste.

7) mon propre site web, relié aux institutions
artistiques du monde entier;
8) au moins une exposition par an dans un musée majeur,
exposition qui sera itinérante. L'archivage, le
transport, l'entreposage sont à la charge de
l'institution. Cette dernière accepte de publier un
catalogue pour accompagner la manifestation. L'artiste
a le dernier mot sur toutes les décisions concernant
l'installation et l'exposition en général. Chaque
institution règle les frais relatifs à la présence de
l'artiste durant l'installation et le vernissage. Il
revient à l'artiste de déterminer la nécessité de sa
présence à telle ou telle étape du déroulement de
l'exposition;
9) avant ma mort, un musée majeur pour abriter toute mon
œuvre, construit dans la ville de mon choix. Une galerie
dans ce musée sera consacrée à des expositions se
relayant autour de mon travail et ma vie. Le musée sera
ouvert au moins trois cents jours par an.[1]

EXPOSITIONS ET PROJETS, conservation et passé, présent
et futur. Je n'en ai rien à battre des nouveaux médias,
de la hype et des superstructures. J'espère ne pas tomber
sur les mêmes artistes occidentaux, issus des mêmes
superhangars, comme on peut en voir partout. J'espère ne
pas voir de mode ou de style de vie. J'espère saisir des
petits aperçus d'utopie. J'espère un cube blanc radical.
J'espère la présence d'une garderie et, s'il y a des
débats et des conférences, que les personnes
participantes soient informées et préparées. J'espère des
surprises.[2]

PLUS D'INFORMATION, moins d'institution.[3]

J'ATTENDS DE VOIR un lieu qui ne se fout pas de la
gueule du monde en présentant des artistes dits
contemporains avec des œuvres en forme de pilules.
A moins que l'on m'explique de quoi il en retourne.
J'attends de ce lieu une vraie sélection artistique qui

---

[1] MICHAEL SMITH, Artiste. [2] JOHANNES KAHRS, Artiste. [3] THOMAS DEMAND, Artiste.

ne tombe pas dans les travers de la hype et fashion comme
les galeries de la rue Louise Weiss par exemple.
J'attends un travail de fond qui me fasse découvrir des
gens et leurs œuvres. J'attends de la modernité mais pas
stupide.[1]

ℵ DONNER UNE IDÉE RÉGULIERE DES TENDANCES contemporaines
dans le domaine de la peinture, l'image qui bouge (court-
métrages, animation, web design, clips), la sculpture,
la musique, etc. Pas trop d'installations ou de vidéo-
art. Surtout des rendez-vous thématiques ouverts au
public et certains aux professionnels pour que cela soit
également un lieu de rencontre et d'agitation entre
artistes, créateurs et producteurs au sens large.
Il faut que cela soit un lieu dynamique, créateur et non
simplement de consommation passive. Fédérez. Pensez à
l'école de Paris et à ce qu'un lieu comme le Palais de
Tokyo aurait pu faire pour agréger fortement tous ces
artistes. Lancement de concours, bourses, etc.
Constituez-vous un réseau de producteurs-mécènes-
galeristes qui financeront certaines opérations.
Regroupez les au sein d'un comité consultatif.[2]

☥ J'ATTENDS D'UN LIEU COMME LE VOTRE qu'il arrête de
faire des expos de merde qui n'intéressent personne!
Les 3/4 des expos à Paris sont bidons, il n'y a
malheureusement qu'un seul critère de sélection: faire
la pute, ou graisser les mains, sucer la bite…
Désolé pour la vulgarité mais c'est la réalité des lieux
d'expo parisiens!!!![3]

⚗ QU'IL SE MAQUE AVEC LE FESTIVAL Aquaplaning, afin
d'avoir très vite une image top trendy, conviviale
et tout et tout.[4]

⚗ J'ATTENDS DE LUI QU'IL ME RENDE ASSEZ CURIEUSE pour
avoir envie de m'y déplacer, dans un monde où l'image

---

[1] RACHELE BEVILACQUA, Journaliste. [2] GEORGES BERMANN, Producteur et président, Partisan
Midi Minuit. [3] SEB JANIAK, Réalisateur et Photographe. [4] YARMAND THOMASSIAN, Directeur
Artistique, Delabel Editions et organisateur du festival Aquaplaning, Hyères.

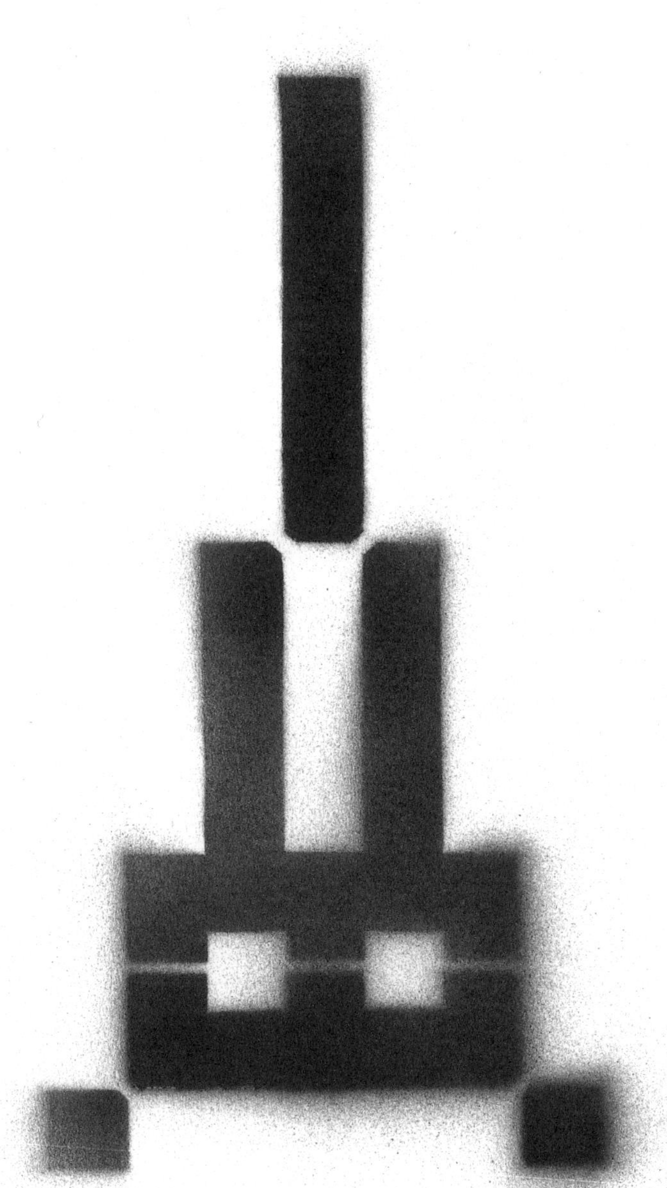

PAS CHERE, dynamique et incontrôlable.[1]

est parfois trop présente une fois sur place, j'attends
de ce lieu qu'il m'inspire assez pour que sur le chemin
qui me ramène chez moi, ma tête fourmille d'idées et
de nouvelles inspirations, de projets à venir de toutes
sortes.
Qu'il m'étonne et me surprenne en me laissant entrevoir
un avenir à la création déjà «établie» mais surtout
que ce soit un lieu qui oublie un peu le discours parfois
trop intellectuel de l'art pour se concentrer sur la
sensation.[1]

❋ IL FAUT QUE CE LIEU NOUS FASSE REVER, que toutes les
cultures et tous les arts se croisent. Les arts
traditionnels et aussi les arts de la rue, les nouvelles
technologies… Il faut donner envie aux jeunes d'aller
au musée![2]

♀ JE RÉPONDS:
- une démarche pédagogique intelligente qui lutterait
contre l'image «élitiste» de l'art contemporain
aujourd'hui;
- une programmation ouverte sur le monde (et pas trop
de parisianisme svp!);
- une plate-forme dédiée à tous les moyens d'expression
et un lieu de rdv événementiel (des belles fêtes! des
défilés! des concerts! des performances!);
- un BON squat-restau-café-librairie-chill-out pour
les déjeuners d'«affaires» et les after-expos avec les
copines (ça c'est très très très important!);
- un lieu où les journalistes ont envie de venir en
dehors des vernissages (eh oui!).
Anyway, vous disposez d'un superbe espace et je suis sûre
que ce nouveau projet parisien ne nous décevra pas!
Bon courage pour la suite![3]

♂ IL FAUT MUSIC ET ART!!! Il faut que ça bouge! Avec les
skateurs du coin!!![4]

---

[1] MATHILDE JOUANNET, Réalisatrice. [2] MAYA MASSEBOEUF, Directrice artistique, Labels-Virgin.
[3] AURORE LEBLANC, Journaliste. [4] KARIM ECH-CHOAYBY, Responsable partenariat et marketing,
Technikart.

✸ DE LA SENSIBILITÉ, de l'improbabilité et surtout pas de prétention ni de concepts fumeux…[1]

✸ MON SOUHAIT: UN MUSÉE «VIVANT» où il se passe des choses, des happenings artistiques, que le lieu devienne un carrefour ouvert sur la vie!!![2]

✸ QU'IL AIT UN BEAU LOGO.

    ' ' ' '''   '''   '''   ''''
   ' ' ' ' ' ' ' ' ''
 ''' ' ' ' '' ''' ' '
  ' ' ' ' ' ' ' ''
'''   '''   ' ' ''''   '''' [3]

✸ DE LA SINCÉRITÉ.[4]

✸ DE LA PAIX ET DU BRUIT, plus, plus et la vie devant soi.[5]

✸ UNE INSTITUTION ARTISTIQUE doit permettre l'expérimentation, donc prendre des risques (artistiques, ethniques, financiers, éthiques, politiques…). Elle doit être un lieu de recherche en donnant les moyens aux créateurs qui doivent être le centre d'intérêt et d'attention. Pour cela les curators (ou/et les directeurs de cette institution) ont une grande responsabilité: ils doivent être des découvreurs de talent, stratèges, éclairés, critiques, ouverts (open minded!) et bien sûr subjectifs. Bref, cette institution artistique sera du côté des indiens plutôt que des cow-boys![6]

✸ QU'ELLE NE SOIT PAS UNE INSTITUTION, mais un espace en chantier permanent, où on puisse se promener, discuter, refaire le monde. Un lieu qui titille l'imagination, la réflexion et enchante les sens: respirer, regarder, écouter, boire, manger, danser, séduire et paresser.[7]

---

[1] GUILLAUME SORGE, Journaliste. [2] JEAN-FRANÇOIS GUYOT, Journaliste. [3] YORGO, Directeur artistique et Graphiste. [4] SARAH, Directrice artistique, Colette. [5] THOMAS GIZOLME, Graphiste et Directeur artistique. [6] LOUIS PAILLARD ET ANNE-FRANÇOISE JUMEAU, Architectes. [7] FLORENCE MULLER, Historienne de la mode.

Ŷ QUE CE SOIT LE CONTRAIRE d'une institution.[1]

Ŷ D'ETRE UNE AGENCE DE VOYAGES.[2]

Ŷ QUEL QUE SOIT LE SCHÉMA PRÉVU pour une institution
d'art du 21e siècle, différentes intentions d'usage
apparaissent quand même. L'utilisation de l'institution
est peu prévisible et répond toujours à la logique propre
de l'utilisateur. Même si des études statistiques peuvent
cerner la substance de l'utilisation, elles ne
parviendront jamais à en prévoir tous les modes
d'utilisation. Il est impossible de sonder toutes les
motivations des utilisateurs d'une institution d'art.
En effet, chaque schéma engendre un nombre incalculable
de pratiques d'utilisation qui tentent toujours de se
réapproprier l'espace et le temps organisés.[3]

Ŷ POUR LE PALAIS DU 21E SIECLE
Un lieu d'art pour le 21e siècle: j'attends qu'il
ressemble à un deuxième monde où l'on rentre et l'on sort
en un coup de click. L'entrée du palais n'est pas
uniquement par une porte physique mais, grâce à notre
index ou une pulsion sur notre souris, nous entrons
dans un palais post-minimal avec des zones chaudes et
froides, lumineuses et sombres, plein d'images sur écrans
liquides et sans image, que des idées avec des symboles
et des pictogrammes.
Une fois dedans, que ce monde soit pluridisciplinaire,
ludique comme dans un jeu vidéo, que ce deuxième monde
permette le vécu de nouvelles expériences du réel
(motricité, perception, vécu et sensation).
Que le lieu soit accessoirement géographique mais avant
tout sur une autre planète.
Que ce lieu choisisse un fuseau horaire qui convienne à
plusieurs continents mais qui ne fasse référence à aucune
heure du fuseau horaire du monde réel.
Que ce monde soit proche du jeu EVERQUEST.
Qu'il soit un lieu de chats et de rencontres.

[1] HEDI SLIMANE, Styliste, Dior. [2] DOMINIQUE GONZALEZ-FOERSTER, Artiste.
[3] KOBE MATTHYS pour Agence, Artiste.

Que ce lieu puisse réunir les «amis» du Palais de Tokyo;
ce groupe fonctionnerait comme un club privé avec des
adhérents. J'aimerais pouvoir m'asseoir dans des salons
privés qui deviennent parfois publics. Ainsi, plusieurs
clans et bandes choisiraient leur famille dans le palais
des possibles.
Conseils concrets:
Que le lieu engendre subtilement des rencontres entre
artistes contemporain et grandes entreprises afin de
permettre de belles productions.
Que le lieu puisse organiser des LAN ou regroupements
de compétences partout sur le net et dans le circuit
international de l'art.
Que ce lieu ouvre des perspectives dans la réalisation
de projets dans l'espace public de Paris.
Que le secteur privé participe à des groupe de travail.
Que ce lieu puisse permettre à la génération d'artistes
de 30 à 40 ans de réaliser de belles expositions
significatives.
Exemples: Sylvie Fleury, Angela Bulloch, Liam Gillick,
Carsten Holler, Murakami, Olaf Breuning, Jorge Pardo…
Que ce palais présente de manière originale les œuvres
du sol au plafond, que les artistes explorent le lieu.
Encore tant de choses à dire.[1]

☃ EXISTER.[2]

✳ UNE REPRÉSENTATION DE LA TRANSVERSALITÉ actuelle
de tous les arts et générations. Un pont entre le passé,
la mémoire et le paysage culturel contemporain.
En parallèle ou en complément de la représentation de
certains artistes qu'il y ait des rencontres,
associations inédites et projets de différents artistes.
Des choses évidentes que l'on oublie de faire. Comme les
films que l'on adore et qui ne repassent pas assez.
Exemple: une visibilité plus importante de Gotscho me
paraît évidente mais assez inédite finalement… Des
productions «Palais de Tokyo».[3]

---

[1] LAURENCE DREYFUS, Curator indépendant. [2] HERVÉ MIKAELOFF, Curator, Caisse des Dépôts et
Consignations, Paris. [3] GASPARD YURKIEVITCH, Créateur.

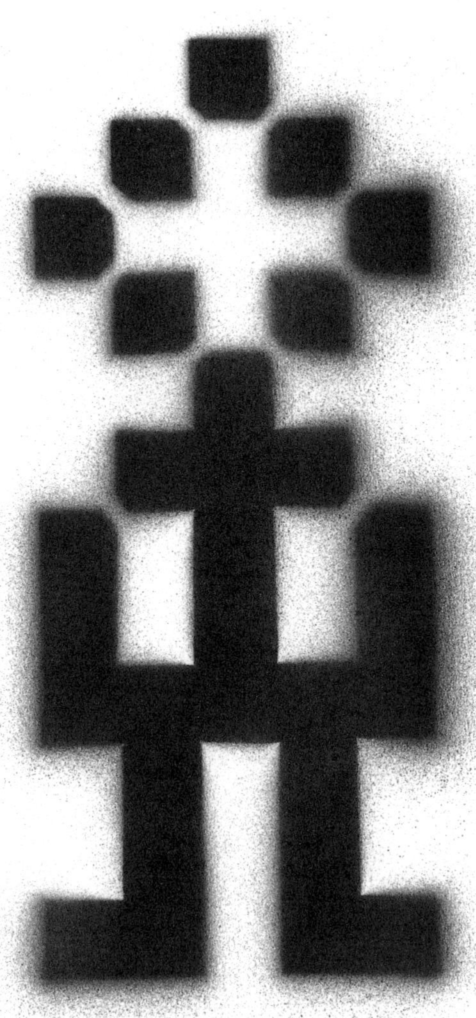

J'ESPERE TOMBER AMOUREUX.[1]

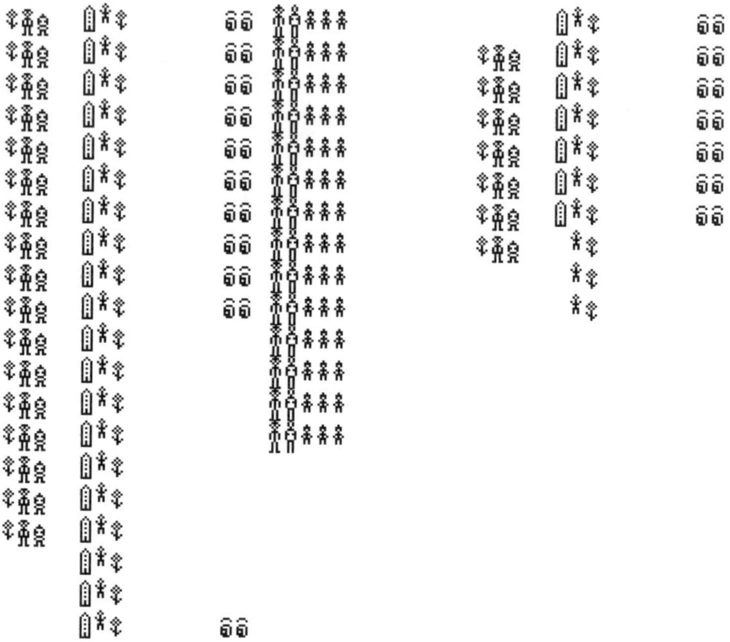

⊛ UNE INSTITUTION ARTISTIQUE du 21e siècle doit permettre une très grande ouverture d'accès et de diffusion à des créateurs issus de toutes origines. Afin que «l'art» puisse davantage faire partie de notre quotidien.[1]

⊛ JE SOUHAITERAIS qu'une telle institution ne soit pas corporative et, surtout, qu'elle ne soit pas monopolisée par les lobbies de l'art. Je voudrais que l'art qui y sera montré parle à la sensibilité de tous et mette l'accent sur la noblesse de l'âme humaine. Plus encore, je voudrais qu'un tel lieu permette de diffuser l'Art en tant qu'expression de l'espoir de l'Homme qui, il faut bien le dire, s'est perdu à un certain moment pendant la deuxième moitié du siècle dernier (il suffit de penser aux dernières biennales de Venise).[2]

⊛ … ELLE DEVRAIT AFFIRMER UNE CONCEPTION DYNAMIQUE de l'expérience de l'art par laquelle on puisse espérer connaître le sens de la vie; la «nouvelle» institution devrait montrer cela tout en recherchant dans l'art la mimesis différentielle. En donnant la priorité aux gestes et aux comportements par rapport à leur signification, elle sera à même de répondre à la question de la relation entre les différentes cultures (qui s'impose de manière très urgente) et d'ouvrir ainsi les possibilités à toutes les rencontres et collaborations.[3]

⊛ DE POUVOIR TRAVAILLER AVEC ELLE, c'est-à-dire que ses cadres cessent d'être perpétuellement périmés par le seul fait de préexister au travail mais qu'ils se réinventent à chaque projet. Donc pas une institution qui cadre l'artistique mais l'artistique qui invente l'institution qu'il lui faut.
L'institution vue comme une œuvre d'art…[4]

⊛ J'ATTENDS DE LA MUSIQUE QUI SECOUE toute la pop actuelle et la merde de Top 50 que nous entendons tous les jours. J'attends du cinéma de grande qualité qui n'a

---

[1] YAZBUKEY, Styliste. [2] SANDRA MONARCHA, Architecte et urbaniste. [3] DRAGHIZA CAKIC SOSKIJ, Critique d'art. [4] EMMANUELLE HUYNH, Chorégraphe et danseuse.

pas été retenu par les gros studios/distributeurs, c'est-à-dire d'être certain de voir quelque chose de stimulant, pas seulement un film avec l'étiquette indé. Je veux être surpris et interpellé du côté de l'art: j'imagine qu'on parle d'art contemporain d'après l'impression que laisse votre description, ce qui signifie donc que les critères évoqués précédemment s'y appliquent également. S'il est possible d'avoir musique, ciné et art ensemble, ce serait le top.[1]

♁ ARTOPIE

Etre vu c'est être ignoré. A moins d'être une pulpeuse web pin-up ou un carambolage sur l'autoroute – et encore –, les images rejoignent rapidement la montagne des déchets culturels. Avec des idées bradées pour trois fois rien, des images d'idées (installations, photographies, peintures, sculptures) qui partent à moins, où «collectionneriez»-vous, faute d'un meilleur mot, «l'art»?
Pour la plupart des gens, l'art correspond à un prix scandaleux payé pour un «chef-d'œuvre» à l'huile qui pourrit sur de la toile ou à un assemblage totalement incompréhensible d'électronique, de détritus et de collage d'éléments personnels. Ou, mieux encore, à une «action» aux dimensions absurdes. Où mettriez-vous tout ça? Dans un magazine? Un lieu idéal pour ces délires? Un disque dur peut-être?
Si vous restez bloqués sur l'idée du musée, demandez-vous d'abord: à quoi servent-ils? En général, les gens prennent moins de 0,3 seconde pour tout regarder et préfèrent, en revanche, examiner les cartes postales ou le menu du café. Lorsque, régulièrement, les artistes exploitent le caniveau à la recherche de collisions entre culture et conscience, qui finissent nickel et encadrées à grands frais, on peut tout aussi bien idéaliser la rue crade comme un centre culturel.
Là, on peut déceler dans les mystérieuses fissures des trottoirs, les graffiti réactionnaires et déroutants

---

[1] DAVID WILLE, Chef du département international, London Records.

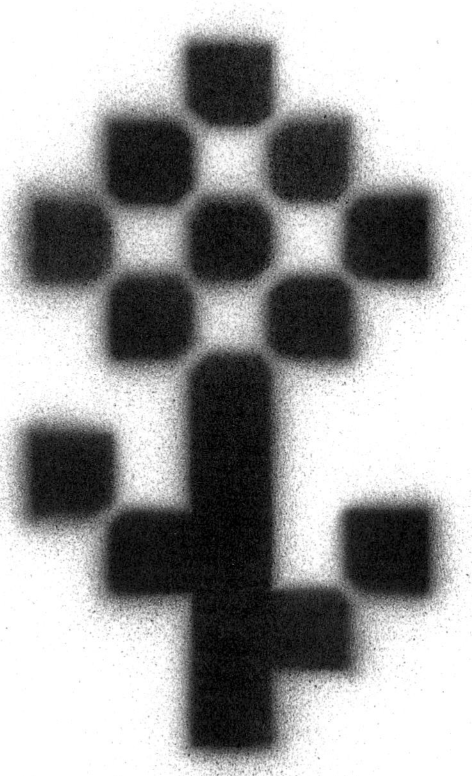

ELLE DEVRAIT ETRE UN LIEU OU
L'art du passé évoque…
L'art du présent provoque…
Pour une inspiration double.[1]

---

[1] PHOEBE PHILO, Styliste, Chloé.

ou dans les tas de crottes de chiens le sens de la vie
culturelle. Non? Non, je ne crois pas.
Le grand capital veut manifestement des espaces aérés
et lumineux dans lesquels assainir les profits de ses
entreprises, cumulés à partir du commerce avec la mort:
médicaments contre le sida excessivement chers,
pollution liée à la surconsommation d'essence et tornades
de fumée de cigarettes. Il veut que cet espace idéal
célèbre le dernier prodige en kit du monde de l'art
ou ses fameux clowns qui, dans leur jeunesse, étaient
traités de bons à rien irrécupérables par ceux-là mêmes
qui les soutiennent aujourd'hui activement. En tant
qu'artiste, c'est ce que je veux, évidemment. Achetez-
moi! Et si vous pouvez me trouver une chambre pour moi
tout seul, je me ramènerai avec mon loup et ma
couverture, et nous pourrons discuter du petit déjeuner
aux États-Unis.[1]

♟ VOUS AI-JE RACONTÉ que M. Szeemann, chief curator des
deux dernières Biennales de Venise, veut que je lui serve
d'escorte et d'ange gardien pendant les journées
d'inauguration de la 49e Biennale de Venise? J'ai été
officiellement invitée pour ce projet de fous. J'avais
exposé non-officiellement aux deux précédentes biennales:
en 1997, «Numériseriez-vous votre âme?» et, en 1999,
«Je veux que vous vous interrogiez sur la responsabilité
de votre gouvernement dans les conséquences du
bombardement de la Yougoslavie». Donc, des concepts très
sérieux. Et cette année? Vous comprenez? N'est-ce pas
dingue? Maintenant, j'ai besoin d'une personne qui lise
tous mes textes, qui m'aide à remplir les formulaires
d'inscription et les demandes de bourse, qui me choisisse
des robes élégantes et appropriées et les inévitables
cosmétiques, qui me trouve de l'argent pour les voyages
et s'occupe de mon logement. J'adorerais collaborer
avec une institution artistique qui puisse résoudre tous
les besoins matériels liés à mes projets et me soutenir
de façon générale dans mes installations live.[2]

---

[1] MATTHEW ROSE, Artiste et auteur. [2] TANJA OSTOJIC, Artiste.

JE DOIS DIRE QUE J'AI TOUT AUTANT d'attentes concernant
une institution artistique que les artistes, les
curators, etc. Je vais tenter de les exprimer en quelques
mots: flexibilité; considération et responsabilité du
contexte; esprit de communauté; plaisir et vision;
agréable et gratuite; stable tout en prenant des risques;
attentive aux questions et développements locaux, globaux
et GLOCAUX; convivialité; ouverte à tout âge, toute
génération, tout média, toute audience, tout artiste,
tout critique…
La liste est encore longue… En résumé, l'institution
devrait en tout premier lieu être critique vis-à-vis de
son propre statut institutionnel.[1]

LE MBARI MBAYO CLUB FONDÉ EN 1961, à Ibadan, Nigeria,
représente un modèle aussi bon qu'un autre pour une
institution artistique du 21e siècle. Une organisation
basée sur la communauté, proposant un lieu de rencontre
pour les intellectuels, les marchands, les chasseurs,
les chefs, les rois, les écoliers, les fermiers, les
politiques et les chômeurs. Une institution décrite par
Chinua Achebe comme «un théâtre où lutter».[2]

UNE INSTITUTION ARTISTIQUE DE CE SIECLE devrait traiter
l'art sur plusieurs niveaux parallèles: elle devrait
préserver l'indépendance de l'art tout en le connectant
simultanément à tous les aspects de l'activité sociale.
Elle devrait veiller aux besoins des artistes et du
public, et proposer des formes de présentation
stimulantes pour aider à rendre l'art contemporain plus
populaire, sans démagogie. Les institutions devraient
s'occuper aussi bien des valeurs du temps passé que de
l'art avant-gardiste.[3]

STALKER EST UN GROUPE qui mène des recherches et des
actions sur le terrain, en portant une attention
particulière aux zones marginales et vides urbains, et

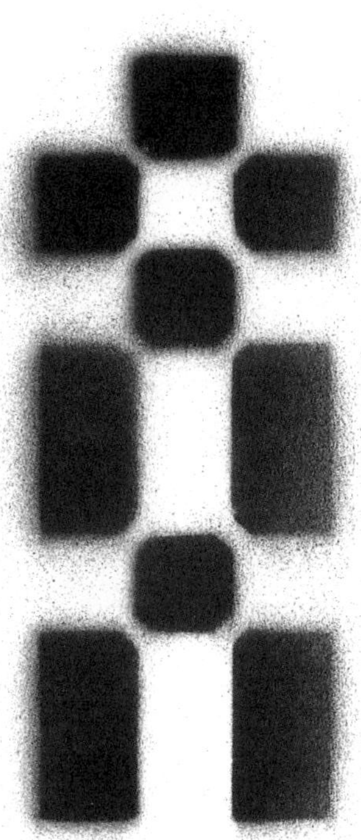

D'ABORD, UN SUPERMARCHÉBAR, une placehôtel,
un aéroportdiscothèque, un appartementbanque,
un homestudiogalerie, un usinerestaurantparkingcinéma…
un supermarchébarplacehôtelaéroportdiscothèqueparkingapar
tementhomestudiobanquegalerieusinecinémarestaurant…
la vi(ll)e dedans.[1]

---

[1] DAVID TROTTIN, Architecte.

aux espaces créés à partir de relations humaines, en
dehors des contrôles institutionnels. Après un court
dialogue, nous avons demandé à notre ami Francesco
Petrella (un technicien de l'éclairage qui a travaillé
avec nous sur le «tapis volant», à Tunis) de répondre.
Il n'a pas l'habitude de réfléchir à ce genre de thèmes,
il a donc répondu par d'autres questions:
«Tous les jours, il m'est possible de recueillir un tas
d'informations au sujet de choses qui ne m'intéressent
pas, via les médias de masse. Quelqu'un (une institution
artistique, comme vous dites) pourrait-il faire en sorte
de diffuser les œuvres d'art comme ces médias diffusent
leurs messages?» Ensuite: «Grâce à mon métier, j'ai
rencontré pas mal d'artistes. La plupart d'entre eux se
préoccupent beaucoup du monde et de son futur. Pourquoi
leurs idées ne sont-elles pas utilisées pour améliorer
notre façon de vivre? Pourquoi ne nous en servons-nous
pas pour organiser en partie notre société et ses
institutions?» Enfin: «Je crois que de nombreux artistes
luttent pour rester indépendants des influences du
business. Comment une institution artistique peut-elle
leur venir en aide pour qu'ils gardent leur liberté?»[1]

⚑ LE BUT D'UNE INSTITUTION du 21e siècle doit être de
considérer que l'art est une dé-hiérarchisation des
valeurs et des priorités sociales. Ignorer que nous
sommes et serons témoins de multiples génocides dans
leurs formes les plus diverses est un luxe de courte
durée. L'art est matière alternative pour une lecture du
temps présent. Il doit être pris comme un baromètre des
prises de conscience universelles imposées par
l'inévitable réalité de la destruction de masse en faveur
des plus forts, qui est et sera toujours plus clair, et
qui a déjà remplacé tout autre connaissance globalisante.
Paradoxalement, l'institution doit favoriser l'art,
délimité par sa géographie humaine, nationale, locale,
unie et désunie par la langue, par les références et
différences culturelles, par la généalogie de ses propres
conflits, l'art de chaque pays, et par là-même

---

[1] STALKER, Artistes.

représenter ces entités comme autant de constellations pour un dialogue philosophique universel. En ce faisant, elle doit aussi laisser cours aux contextes, c'est-à-dire aux protagonistes qui entourent les artistes, sans se soucier de rigueur critique ou de valeur monétaire, mais l'observer en tant que masse douée d'intelligence, pour que s'élargisse la perception des îlots de communication.[1]

⁎ QU'ELLE SOIT GÉRÉE par des personnes à l'esprit aussi d'avant-garde que les artistes qu'elle expose.[2]

⁎ AVEC LA MODERNITÉ, l'œuvre d'art n'a eu de cesse de générer son lieu ou, plutôt, ses propres lieux et conditions d'expansion comme d'exposition, au pluriel: le white cube et l'in situ mais aussi la scène, la rue, l'entreprise, la salle de projection cinéma, la télévision et les médias, le magasin, l'espace publicitaire, etc. Un centre d'art de type «dur», voué à accueillir des œuvres différentes par l'esprit ou la forme sans pouvoir s'adapter à chacune d'elle, inapte donc à la mutation? Une hérésie de fait. Dans l'idéal, un lieu pour l'art doit être à la mesure des œuvres qu'il prend en charge, autant dire d'une plasticité intégrale. Sinon, instrumentalisation ou jeu de dupes. Je ne me fais guère d'illusion quant à la possibilité d'y parvenir. Plus les contraintes de l'industrie culturelle, dont le lieu d'art ne saurait aisément se débarrasser: amplification prévisible, dans une futile atmosphère de kermesse hédoniste où le plus large pan de l'art – phénomène en cours – intégrera pour finir la catégorie des biens de confort intellectuel.[3]

⁑ SOYONS UTOPISTES ou presque?
Un espace:
Où les artistes et les commissaires sont en symbiose et/ou en collégialité.

---

[1] LAURENT DELAYE, Laurent Delaye Gallery, London. [2] ISABELLE BALLU, Créateur de mode. [3] PAUL ARDENNE, Critique d'art.

Où les artistes sont donc traités en partenaires.
Où les décideurs ne pratiquent pas la langue de bois
et ne font pas le contraire de ce qu'ils déclarent.
Où les artistes sont consultés pour les orientations
des expositions.
Où les expositions à thèmes et/ou à problématiques ne
sont pas tenues secrètes de manière à ce que les artistes
aient la possibilité de se proposer, que leurs
propositions soient consultées sans à priori.
Où ces thèmes et/ou problématiques sont vraiment traités
et ne sont pas une couverture pour mettre juste les
artistes que l'on a envie de mettre…
Où vieux, jeunes et middle age ont la possibilité
d'exposer sans discrimination, de même que les noirs,
les jaunes, les blancs… les femmes et les hommes (avec au
moins un semblant de parité), les connus, les inconnus se
côtoient mais où les artistes français sont à l'honneur.
Où les œuvres ne sont pas considérées uniquement comme
des marchandises.
Où les expositions ne sont pas au garde-à-vous devant
le marché.
Où les nouvelles technologies se mêlent aux médiums
traditionnels.
Où l'Internet prend le relais.
Où une bibliothèque de catalogues et de CD-ROM d'artistes
sont à disposition.
Un lieu capable de trouver les sponsors pour la
production des œuvres et les catalogues en 3-4 langues.
Un lieu capable de mettre en contact les artistes avec
des chercheurs et entreprises utilisant des techniques
de pointe.
Un lieu capable de mettre en contact les artistes avec
d'autres lieux et personnalités étrangères et capable
d'organiser des circulations d'expositions.
Un espace de discussion interdisciplinaire où les
artistes pourront se ressourcer et se confronter
à des personnalités venant de pratiques différentes
(philosophes, psychanalystes, anthropologues,
biologistes, généticiens, cybernéticiens, etc.).

Où le public trouve dans chaque salle des textes en
plusieurs langues, simples mais pas simplistes, capables
de les éclairer sur la démarche de l'artiste.
Où les artistes et commissaires expliquent au public.
Où les lieux de repos, de consultations, d'informations
alternent avec les espaces d'expositions.
Où il y a des résidences d'artistes et des techniciens
pour aider et/ou conseiller.
Où les artistes sont payés (comme tout le monde)
pour travailler et/ou exposer.
Où la comptabilité est transparente.
Où la programmation a une souplesse et peut réagir
rapidement à un projet enthousiasmant.
Ou bien ça sera comme d'habitude…[1]

TOUT. C'est le petit mot qui qualifie mon immense
espoir concernant votre projet. L'art est un incendie qui
me ravage, qui m'a ruiné (les sous!) mais qui m'a
immensément enrichi moralement. L'idée même que l'on
puisse découvrir la jeune création contemporaine sans
systématiquement prendre l'avion pour New York, Londres,
Berlin ou Tokyo me réjouit et puis j'aimerais tellement
que nous sortions des années 60! Oasis copie les Beatles.
Angot imite Duras. Fabrice Hybert s'inspire de Warhol,
les images n'ont plus qu'un seul objectif: comme des
murènes affamées, elles cherchent le grand public.
Mon bonheur serait, un matin, de me retrouver face à
l'un de vos murs pour découvrir un tableau ou un objet
fascinant. Spontanément, malgré des années de
fréquentation des musées et des galeries j'aimerais me
dire: «Tiens, c'est nouveau, c'est beau, j'ai envie de
regarder, de m'asseoir…» Que je me défasse de ce vieil
adage de collectionneur: «Tiens, ça me plait, ça doit
être de la merde». L'art, c'est sortir de soi.[2]

LES MUSÉES ET LES CENTRES D'ART CONTEMPORAIN sont
des outils incomparables pour la défense, la promotion
et la diffusion de l'art contemporain, national ou
international, mais ils sont avant tout au service du

---

[1] ORLAN, Artiste. [2] GUILLAUME DURAND, Journaliste.

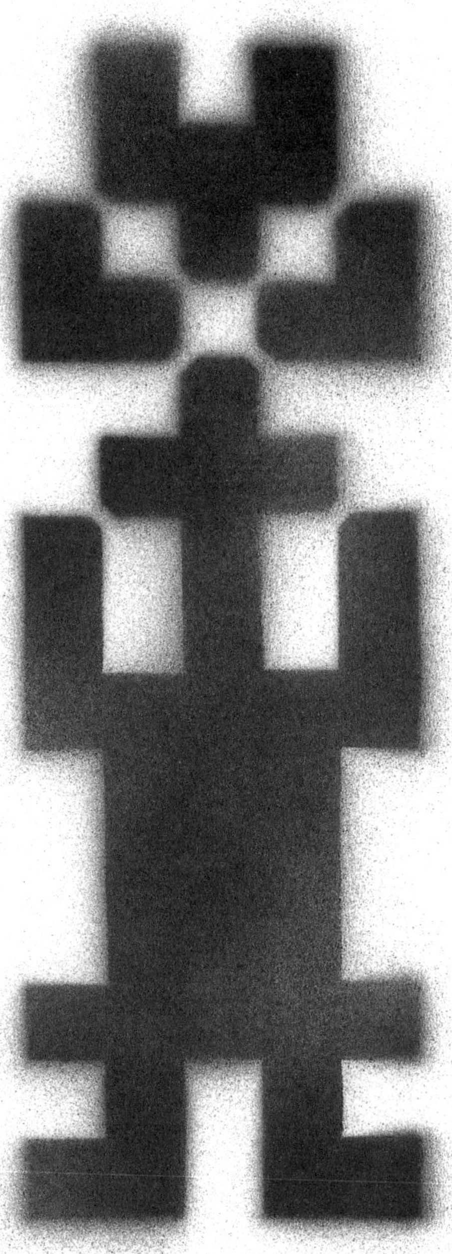

♟ J'ATTENDS d'une institution artistique du 21e siècle
qu'elle soit flexible, sincère, démocratique,
multiculturelle, contradictoire et audacieuse. Splendide
quand elle a l'argent pour cela et héroïque dans le cas
contraire. La tête dans les étoiles, le fonctionnement
exemplaire et l'esprit d'équipe, avec les pieds sur terre
et le cœur gros comme ça. Qu'elle aime les artistes,
prenne soin du public, tolère la cigarette et reste
ouverte tard.[1]

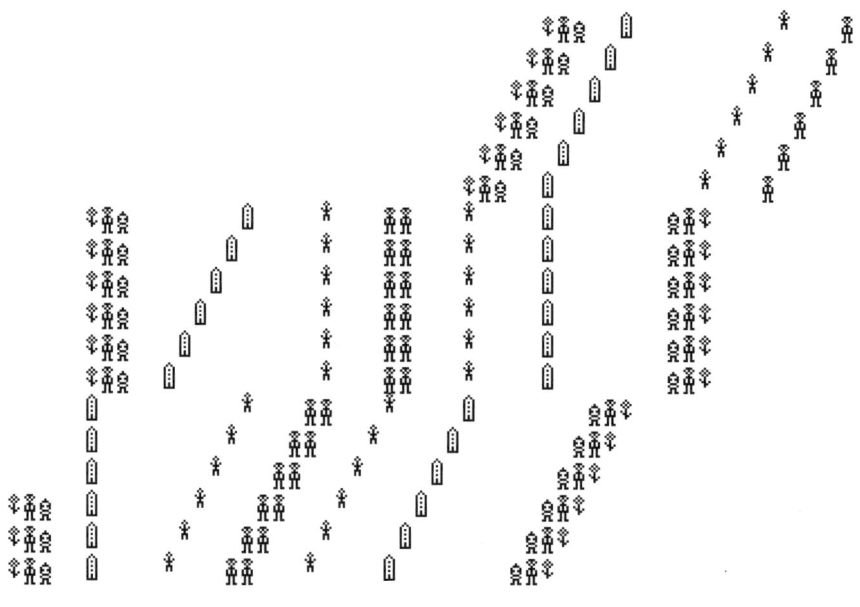

[1] DAVID THORP, Curator, Contemporary Projects, The Henry Moore Foundation, Leeds.

public. A l'orée du 21e siècle, il me paraît nécessaire
de mieux prendre en compte les souhaits de ce public,
qu'il soit novice ou averti, de développer l'action
pédagogique, de veiller à intégrer l'institution dans
la communauté en associant les amateurs et les
décisionnaires locaux à la vie et la gestion du lieu
et de favoriser les échanges avec d'autres structures
publiques ou privées.
Si l'expérimentation artistique, et plus généralement
la conception de nouvelles créations, peut s'envisager
ponctuellement avec les artistes dans le cadre de
l'institution, je pense néanmoins que la vocation
première des musées et des centres d'art contemporain
est de présenter la création récente de manière
accessible et vivante, et de donner ainsi au public
les clés permettant une meilleure compréhension de
la diversité de cette création.[1]

Ⓧ VIVANT, OUVERT, CURIEUX, CULTIVÉ, expliquer,
comprendre, chercher, rencontres, surprises, bousculer,
rendez-vous, réfléchir, échanger, engagé.[2]

Ⓧ J'ESPERE QU'ELLE ME PRÉSENTERA L'ART DU PRÉSENT, mais
pas sous une forme autarcique et nourrie de références.
J'espère qu'elle me le présentera en le confrontant à
d'autres formes d'art, de culture, ainsi qu'à la réalité
sociale que nous vivons.[3]

Ⓧ ELLE NE DOIT PAS ETRE FIGÉE ET STATIQUE, elle doit
prendre des risques et se transformer et bouger
sans arrêt…
Elle doit assimiler et mélanger toutes sortes
d'expressions artistiques, et surtout être
internationale…
Elle doit promouvoir la visibilité et l'expression des
créateurs de toutes sortes et elle doit être l'initiateur
de rencontres et de collaborations entre créateurs de
domaines différents.[4]

---

[1] CHRISTOPHE DURAND-RUEL, Galerie Durand-Ruel, Paris. [2] JOSÉ LEVY, Créateur.
[3] MARIA DE CORRAL, Directrice de la collection, Fundació la Caixa, Barcelone.
[4] MARCEL MARONGIU, Créateur de mode.

✶ QU'ATTENDEZ-VOUS d'une institution artistique
du 21e siècle?

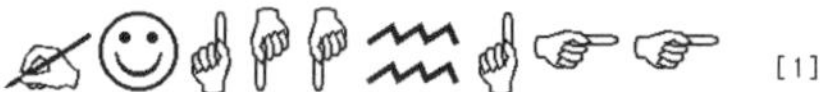 [1]

⚲ CE QUE J'ATTENDS d'une institution artistique
aujourd'hui, c'est qu'elle offre une possibilité maximale
de «rencontre» entre les artistes et les différents
types de public de tous bords: culturel, politique,
social, etc. Et que dans cette rencontre les artistes
et le public se trouvent sur un pied d'égalité. Grâce au
dialogue immédiat qui pourrait émerger lors de ces
rencontres, je voudrais développer de nouvelles formes
de communication. Parce que mon travail est un point de
vue sur les relations qu'entretiennent les différents
réseaux de communication entre eux, et sur les
répercussions qu'un événement (social, politique,
culturel) produit sur ces relations.
De plus, je cherche à développer de nouveaux terrains
d'expérience, qui élargissent et intensifient les modes
de contact et amplifient le degré de sensation: plus
d'expérience physique, plus de mouvement, de temps,
de bruit.[2]

⚲ IL ME SEMBLE QU'IL FAUT TRANSFORMER cette idée de lieu,
en un espace-laboratoire qui soit la combinaison,
le croisement de méta-lieux, agis et partagés par des
méta-sujets.
- Sachant qu'un méta-lieu est ce qui succède à l'atelier
et au lieu d'exposition. Pensoir-gymnase. Il est
«institué» (provisoirement ou durablement suivant les
contextes et les circonstances) par un ou plusieurs
méta-sujets. La simple réunion de méta-sujets peut
constituer un méta-lieu (par exemple autour d'une table:
la table peut devenir un méta-lieu). C'est à la fois
un lieu pensoir et un lieu de pure activité; un gymnase
de la pensée et de l'activité.
- Et sachant que le méta-sujet est ce qui succède
à la notion de sujet-artiste, qui succède à l'ego-

---

[1] FRANÇOIS ROCHE, Architecte. [2] TSUNEKO TANIUCHI, Artiste.

96

expérimental, au soi déployé et déployant. C'est un
gymnaste-plongeur de l'hors-soi. Il est capable de ce
qui lui est étranger.
Le méta-sujet invente sa position par rapport à l'art.
Il ne cherche pas à créer un nouvel art, mais une autre
conscience - c'est cette conscience, cette philosophie
de l'existence qui déterminera l'exploration des
formes fluctuantes de son art de vivre et de faire,
sa praxis.[1]

⚸ UNE INSTITUTION MOINS INSTITUTIONNELLE et plus drôle…[2]

⚘ DANS LE DOMAINE DU DESIGN, peu représenté dans les
institutions culturelles, il serait important que
l'institution permette:
- La réalisation d'un travail de recherche et
développement accompagné d'une mission de
formation/information.
- L'exposition de nouveaux projets (objets et leur
environnement) pour faire découvrir à un large public
le travail des designers au talent reconnu et des
designers internationaux de la nouvelle génération.
- Une grande diffusion des expositions sur différents
supports (audio, multimédia…).
- Une véritable réflexion sociale et culturelle par
l'interaction des différentes disciplines de la
création.[3]

⚙ L'INSTITUTION ARTISTIQUE DONT JE REVE serait un
«lieu-laboratoire», indépendant du marché, des dogmes de
la mode et des appareils bureaucratiques, où seraient mis
à la disposition des artistes les moyens matériels et
techniques de réaliser des projets de grande envergure,
tantôt pluridisciplinaires («des agencements collectifs
d'énonciation»), tantôt purement individuels,
sélectionnés en mesure de la hauteur de leur ambition.
Ce principe de fonctionnement souple devrait bannir la
censure comme l'autocensure et favoriser, au contraire,

---

[1] JEAN-PAUL THIBEAU, Artiste. [2] CÉCILE PARIS, Artiste. [3] FRANÇOISE DARMON, Consultante
en création.

l'émulation inter-subjective afin d'aboutir, le plus possible, aux conditions nécessaires à la jouissance esthétique non seulement des artistes mais des regardeurs, des co-opérateurs. Étant donné les tendances qui dominent actuellement, je ne vois pas comment une telle institution - tant artistique que sociale - pourrait voir le jour sans remettre en question ces tendances et sans chercher à les dépasser.[1]

⚲ LE 21E SIECLE VERRA LA FIN des centres d'art forteresses culturelles. Ils devront être comme des navires, toujours prêts à appareiller, à sillonner les océans les plus différents, à rencontrer le monde, changeant continuellement d'équipage et de passagers.[2]

⚲ JE VEUX UNE INSTITUTION FORTE, capable d'agir pour le bien de l'art. Une institution avec une stratégie, un concept et une assurance développés pour servir d'intermédiaire entre artistes, sponsors et public. Consciente de ses armes et trésors, et ne jonglant pas avec des intérêts économiques et politiques à court terme. Une structure intelligente et flexible, capable d'être là, au moment crucial, cinq minutes avant que la hype ne se pointe au lieu d'être toujours cinq minutes en retard et de se contenter de la confirmer.
Et je veux des personnes efficaces dedans, conscientes de leur mission et désireuses d'atteindre la position où elles peuvent transmettre leur travail aux autres.[3]

⚲ QU'ELLE PRÉSENTE AU PUBLIC LES MEILLEURS TRAVAUX des artistes, les plus stimulants d'un point de vue intellectuel et visuel.
Qu'elle montre des œuvres d'art qui influenceront positivement la créativité de la communauté artistique.
Qu'elle accueille chaleureusement tout le monde, y compris les personnes qui, précédemment, n'ont jamais connu le privilège de l'art dans leur vie.
Qu'elle expose de l'art inédit.[4]

---

[1] JEAN-JACQUES LEBEL, Artiste. [2] ANGE LECCIA, Artiste. [3] INGO VETTER, Artiste.
[4] MICHEL WITMER, Witmer Fine Art Advisors, New York.

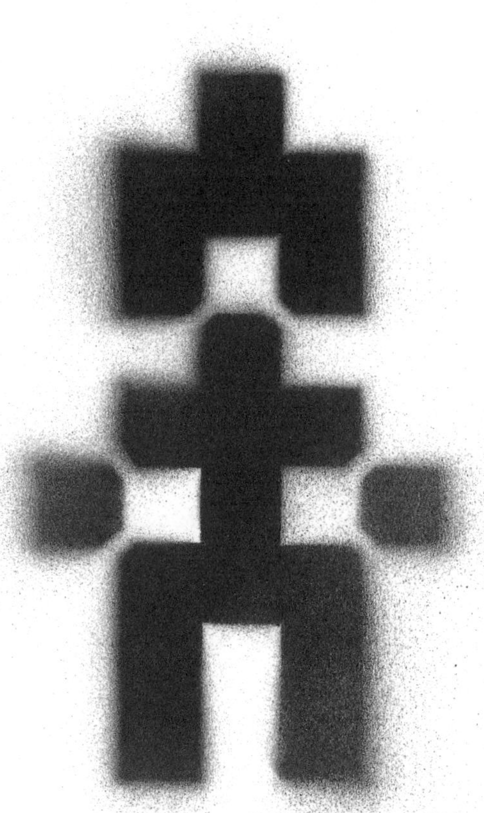

✳ LES INSTITUTIONS ET LES MUSÉES devraient être
schizophréniques et complexes, tout comme la vie
elle-même.
D'un côté, ils devraient être plus légers, plus rapides,
portables même, avec des expositions en kit
et livraisons gratuites, genre: «Appelez Allo-Musée pour
une boisson, une pizza, un petit Matisse et un Duchamp
sur le champ».
De l'autre, les institutions devraient résister au pur
divertissement: elles doivent garder leur propre
spécificité. Les musées ne sont pas nécessairement
obligés d'être plaisants et conviviaux. Pas de problème,
on peut être petit, ennuyeux et poussiéreux. On peut
contempler. Les musées devraient être bondés comme les
rues et, cependant, préserver des zones de silence, vides
et tranquilles telles une chapelle. Les institutions
idéales devraient incorporer la différence…[1]

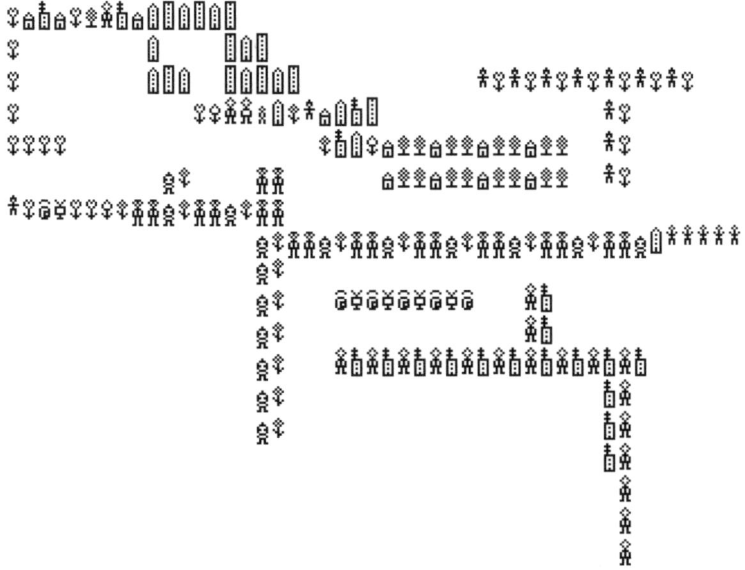

---

[1] MASSIMILIANO GIONI, Editeur, Flash Art.

⚥ QU'IL NOUS MONTRE L'ART du 21e siècle.[1]

⚥ PAS GRAND-CHOSE. D'après les expériences passées.[2]

⚥ J'ESPERE (peut-être bêtement) qu'une institution ne
dirait jamais:
«C'est une idée géniale, mais nous n'avons pas les
moyens. Nous aimerions vraiment avoir quelque chose comme
[ajoutez le nom d'un projet que vous avez conçu il y a
des lustres].»
J'espère (peut-être bêtement) qu'une institution dirait
toujours:
«C'est une idée géniale, foncez! Nous avons aimé [ajoutez
le nom d'un projet que vous conçu il y a des lustres],
mais nous l'aimerions encore plus si vous pouviez créer
une nouvelle pièce.»[3]

⚥ JE VEUX VOIR UNE FAÇON NON HIÉRARCHIQUE D'EXPOSER les
œuvres. Je n'attends pas un lieu pour le futur. Il ne
devrait pas privilégier une présentation messianique des
meilleurs et derniers supports techniques, mais les idées
et comportements d'aujourd'hui. Il devrait montrer la
manière de penser actuelle et résoudre les conflits
actuels, sans le drapeau pittoresque des promesses
futures.[4]

⚥ JE ME DEMANDE si un nouveau Marcel apparaîtra et
provoquera dans l'art du 21e siècle ce que Duchamp a
provoqué cent ans auparavant.[5]

⚥ POUR RÉPONDRE À VOTRE QUESTION concernant les
institutions artistiques dans les cent prochaines années,
il vaudrait bien mieux se demander ce que nous attendons
du 21e siècle en général. Si nous avions la réponse à
cette question, nous pourrions répondre à la vôtre. Il
serait intéressant de penser à ce que les gens, à l'orée
du siècle dernier, attendaient du 20e siècle. Sûrement
pas deux guerres mondiales, et les Balkans, l'Algérie,

---

[1] DENYSE DURAND-RUEL, Collectionneur. [2] LAWRENCE WIENER, Artiste. [3] OTTO BERCHEM, Artiste.
[4] ALBERTO BARAYA, Artiste. [5] SUZANNE LANDAU, Chief curator, The Israel Museum, Jérusalem.

l'Indochine, le Viêt-Nam, le Nicaragua, les Malouines, le Rwanda, etc. Ni le futurisme ni le postmodernisme. Alors, laissons le futur vivre en paix. Vraiment.[1]

✽ J'ATTENDS D'UNE INSTITUTION D'AUJOURD'HUI qu'elle crée des opportunités pour un discours qui dépasse la discipline de l'art contemporain de façon pertinente. Les projets, les expositions, les conférences, les publications, etc., sont encadrés par l'institution du 21e siècle mais ne sont pas obligatoirement contenus à l'intérieur de ses murs. Cela donne un endroit qui opère en tant que point de rencontre et catalyseur, existant au-delà du lieu spécifique pour les expositions. Etant donné que les périmètres de la pratique artistique s'élargissent, les institutions artistiques doivent suivre. J'attends aussi de ce discours sur l'art qu'il ne se contente pas de miser uniquement sur l'équation PLUS INEDIT/PLUS JEUNE prétendument «tendance». Cela relève plus de la stratégie marketing que de la programmation. En revanche, la programmation devrait accueillir les multiples «tendances» de la communauté artistique contemporaine dans sa complexe globalité. Les curators et les directeurs doivent se comporter comme des explorateurs ou des détectives-critiques, à la recherche de signes de vie dans des lieux et pratiques inattendus.[2]

✤ LES PRINCIPAUX LIEUX DE MÉCÉNAT sont toujours en mouvement. De la royauté et l'aristocratie des 16e et 18e siècles, aux marchands, musées et institutions artistiques des 19e et 20e siècles, jusqu'aux entreprises mondiales du 21e siècle?
Où se trouve notre institution artistique? Au Nord, dans les pays développés ou, au Sud, dans les pays en voie de développement? Au 21e siècle, l'institution artistique aura l'opportunité de joindre les artistes partout, pour veiller à la conscience de l'art en élargissant et approfondissant notre compréhension de ce que l'art peut

---

[1] ZELIMIR KOSCEVIC, Chief curator, The Museum of Contemporary Art, Zagreb.
[2] JOSEPH HAVEL, Artiste et directeur du Glassel School of Art, Museum of Fine Art, Houston.

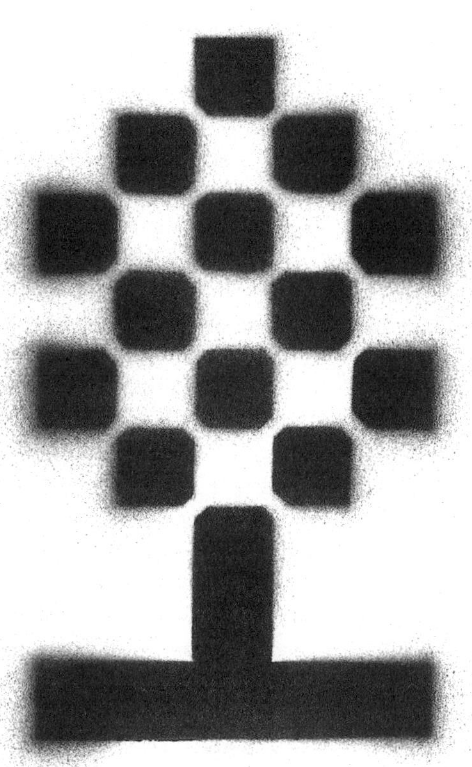

QU'ELLE REFUSE LES OPTIONS qui en feraient un monument
ou un centre d'entrecroisement. Qu'elle reste flexible,
indépendante, prenne des risques, soit accessible aux
artistes, fonctionne comme un centre d'information et
éduque. Qu'elle soutienne avec passion les artistes (et
les curators) dans leur intention de travailler en toute
liberté. Qu'elle paye les artistes, mette à disposition
les meilleures structures possibles. Qu'elle protège le
travail et les droits des artistes. Qu'elle maintienne
des espaces évolutifs pour les multiples discours.
Qu'elle prenne position contre la hype et la propagande,
sous toutes leurs formes.[1]

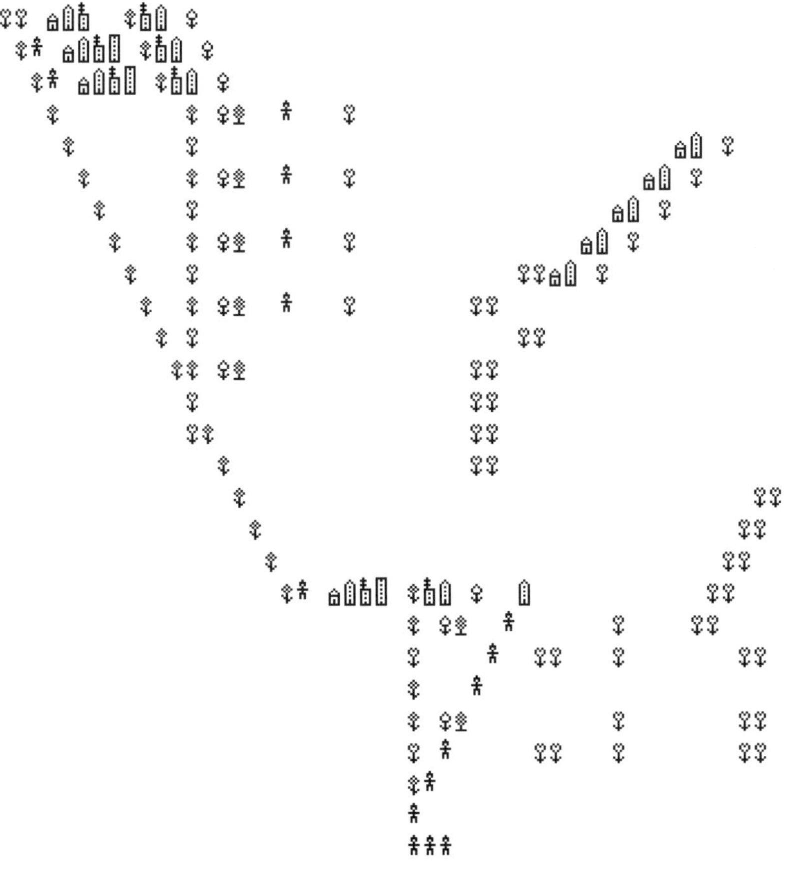

---

[1] MARK THEMANN, Artiste.

être à travers le monde. Autrement, elle peut se
reconvertir en maison de retraite: on en aura aussi
besoin.[1]

♟ LA DIMENSION SPÉCIALE de l'activité d'un musée d'art
contemporain réside dans son contact avec l'art à sa
naissance, en compagnie des artistes. Ce qui implique,
entre autres, la reconnaissance du souffle et de la
diversité infinie de l'art contemporain et, donc, son
soutien et sa présentation dans tous ses aspects: des
méthodes et techniques utilisées pour sa création aux
trajectoires d'action et philosophies. Aujourd'hui, une
part essentielle du travail des artistes se trouve dans
l'expérimentation, le processus et l'événement, avec la
présence de l'artiste faisant partie du tout. Un musée
d'art contemporain doit fournir les conditions préalables
à ce travail.[2]

♟ EN TOUT CAS, une institution artistique, de mon point
de vue, dépend beaucoup de ce qu'elle peut offrir et de
l'usage qu'on peut en faire, en repoussant plus loin les
limites déjà en place. Il y a de nombreuses voies qu'une
institution peut emprunter mais, la plupart du temps,
elle ignore que de telles possibilités existent. Une
institution artistique non seulement offre mais poursuit
un processus d'apprentissage, travaillant à l'unisson
avec les praticiens, se développant et évoluant
constamment.[3]

♟ QU'ELLE CONTINUE DE MONTRER LES MEILLEURES ŒUVRES,
ainsi que les musées devraient toujours le faire.[4]

♟ LAST NIGHT I HAD A DREAM…
1791 – Quatremère de Quincy disait dans ses
«Considérations sur les arts du dessin», quelque chose
comme: «en France, des institutions puissantes doivent
permettre de contrebalancer des conditions naturelles
défavorables aux arts».

---

[1] LANGLANDS & BELLS, Artistes. [2] TUULA ARKIO, Directeur général, Finnish National Galleries,
Museum of Contemporary Art KIASMA, Helsinki. [3] YVONNE LEE, Plastique Kinetic Worms, Singapour.
[4] WOLFGANG TILLMANS, Artiste.

21e siècle. Cette nécessité de l'institution artistique apparaît toujours aussi fondée.
Une institution qui soit un centre de création, de (co)-production et de postproduction, qui fasse pendant au «tout patrimoine». Un espace où les arts plastiques fréquentent la musique, la mode, le design, le graphisme, l'architecture, les sciences et la littérature.
Un centre qui prenne le temps de penser, qui ne se fasse pas happer par la nécessité de remplir des grilles de programme, transformant ainsi les artistes en auteurs de projets sur commande.
Un centre qui paye les artistes, comme on rémunère les Dj's pour leurs prestations.
Un lieu où l'on aime à venir et à passer du temps, où l'on se sente bien, comme dans un lounge bar.
Un lieu qui, comme le souhaitait Jean Cassou en 1973, au moment de la création du Centre Pompidou, ne soit pas emporté «par les développements de plus en plus impérieux de la publicité et de la technocratie».
Un lieu libre, ouvert sur la vie, où l'on voit et où l'on éprouve des œuvres dont on se souviendra au siècle suivant.[1]

⚡ QU'ELLE UTILISE LE NET quand elle est en panne d'idée.[2]

⚡ QU'EST-CE QUE J'ATTENDS? De pouvoir étonner les gens, leur faire plaisir (festif, accessible…), de ne pas péter plus haut que son cul (petits fours, champagne et pas de fric pour la production d'œuvres), pas trop intello-chiant, engagée mais pas enragée (cf. les artistes qui chougnent après les subventions), de permettre une visibilité à la culture jeune et urbaine (hip hop, électronique, hardcore, free party).[3]

⚡ ALORS C'EST TRES SIMPLE…: j'attends de ce lieu d'être un espace ouvert à TOUS, avec les informations et la communication nécessaire! Non élitiste et sérieux.
Je rêve, en tant qu'artiste, d'un atelier «technique»

---

[1] CHRISTINE MACEL, Conservateur, MNAM, Paris. [2] YVANE CHAPUIS, Critique d'art.
[3] CHRISTOPHE VIX, journaliste.

106

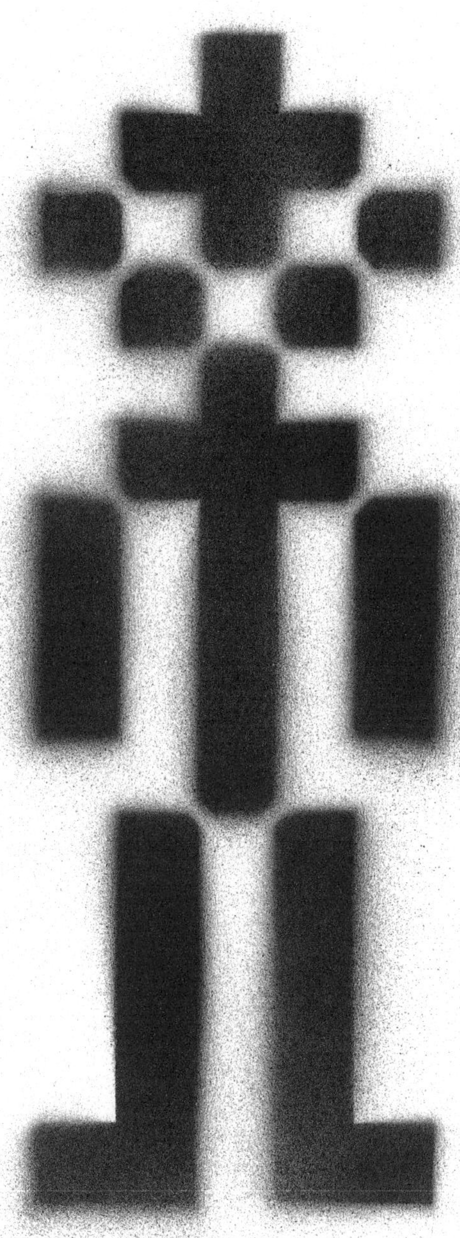

CE QUE J'ATTENDS des institutions du 21e siècle, c'est qu'elles soient plus informées, plus attentives et plus sensibles à l'art et aux artistes.[1]

---

[1] YOKO ONO, Artiste.

(cad d'un lieu d'art contemporain qui soit aussi un pôle
reliant diverses activités) mettant à disposition du
matériel technique (ordinateur, vidéo, banc de montage,
etc.), pouvant aider les artistes à la réalisation de
leur projet, tout en étant un lieux de travail, de
rencontre et de communication. A voir…![1]

⚥ UN LIEU D'ART ET DE CULTURE pour moi doit être:
- interactif
- attractif
Et je ne dis pas ça juste pour le dire, mais parce que
je ne vais jamais voir d'expos parce que:
- je trouve ça chiant
- trop vieux
- trop contraignant
- trop guindé
J'aimerais pouvoir m'y amuser et aussi comprendre ce que
je fais là, pas juste avoir l'impression de faire mes
devoirs.
Je suis allée au musée d'art contemporain de Stockholm,
et là, chouette, c'était bien parce que c'était grand,
ouvert, facile et en plus on pouvait boire un thé bio
en regardant des pièces… un peu comme à la maison.
Ca sentait bon aussi et il y avait de la musique.
Voilà, je n'ai juste parlé que du côté cosy du truc,
ça c'est parce que je suis une vieille flemmarde.
Quant à ce qu'il faut montrer dans un lieu comme celui
dont je rêve, ça n'est plus de mon ressort.[2]

⚥ UN LIEU AVEC UN PEU PLUS DE PRISE DE RISQUE que les
autres sites actuels d'art contemporain, vraiment
contemporain, une pépinière artistique en quelque sorte,
et géré par des artistes si possible, ras le mou des
pseudo-visionnaires et spécialistes de l'art… J'aimerais
des gens généreux, curieux et acteurs de la scène
artistique actuelle à l'initiative d'un tel chantier.[3]

⚥ LE REPROCHE qui me vient en premier lieu à l'esprit

---

[1] CATHERINE HELMER, Artiste. [2] CHLOE BARTOLETTI, Manager, Mirwais.
[3] FRED LEBAIN, Photographe.

est que les lieux d'art sont souvent fermés, avec une
sorte de chape de religiosité qui met l'art à distance
du spectateur alors que pour moi, l'art est un partage
et qu'il est populaire. Ce que j'attends donc avant tout
d'un lieu d'art à l'aube du 21e siècle est qu'il soit
ouvert, interactif, ludique.
Mon 2e souhait serait que ce lieu soit intelligent et
éducatif. Que les œuvres présentées le soient sous un
certain angle, un certain regard qui ne soit pas
forcément celui d'une chronologie de l'art, ou un
regroupement par écoles mais peut-être un regroupement
par sensations ou sensibilité (l'amour, la peine, la
joie, l'enfance, la mort…) et que ce choix entraîne
le spectateur à une réflexion qu'il n'aurait peut-être
pas eue autrement.
Au niveau de l'espace, de l'organisation du lieu, j'aime
les lieux aérés, avec des jeux d'arts différents qui
se rencontrent et créent une atmosphère, des ruptures
dans les angles ou avec des niveaux différents, des
jeux de lumières, d'ombres, d'eaux… Un échange
extérieur/intérieur qui casse les frontières entre ce
qui est montré et ce qui est, tout simplement, et qui
sous-entend que l'art est aussi à l'extérieur, qu'il
est partout où on veut bien le voir.
Enfin, je souhaiterais un lieu avec des changements,
des expos temporaires qui se mêleraient aux œuvres du
lieu avec un accent mis sur les nouvelles technologies
qui permettraient aux personnes de s'initier au
graphisme, au son, à l'Internet…[1]

● QU'IL SOIT OUVERT TARD LE SOIR et tous les soirs,
également les jours fériés.
- Que l'art contemporain soit entendu de manière très
large: musiques, photos, cinéma, vidéo-clips… et que les
expos mélangent différentes formes d'art. Exemple:
pourquoi ne pas créer des ambiances musicales pour des
expos?
- Que ce musée soit un lieu vivant et convivial:
restaurant, bar, salle de projection de films cultes,

---

[1] ARNAUD CHIARAMONTI, *Responsable artistes, Columbia-Sony.*

concept-store… Pourquoi ne pas prévoir une salle où
pourrait être organisés des concerts/show-cases et
des soirées?…
- Qu'on puisse avoir des autorisations de tournage dans
ce lieu sans trop galérer…
- Que je puisse avoir les clefs du lieu une nuit par
an pour y organiser un dîner intime avec ma chérie, tous
les deux seuls au milieu de tableaux de maîtres… [1]

☗ J'AIMERAIS VOIR DANS CE LIEU AUTRE CHOSE que des gens
fashion, des groupies et des friqués qui en fin de compte
ne s'intéressent pas du tout à ce qu'ils regardent mais
plutôt à se montrer avec les artistes si toutefois ils
sont un peu connus ou à la mode.
En bref, si ce lieu pouvait montrer le travail de
nouvelles personnes sans qu'elles aient eu à faire la
première page des magazines chébrans, ça serait bien… et
on aurait sûrement beaucoup plus de choses à voir.[2]

☖ QU'IL ME RÉCONCILIE avec une certaine forme de Beauté,
plus proche du soleil que des égouts, qu'il entretienne
une veine mélancolique propice au laisser-aller, à l'idée
de lâcher les amarres et de se perdre en terres inconnues
d'où l'on n'a plus envie de revenir, et qu'enfin il
nourrisse mon désir de séduction car en aucun cas il ne
devra être passif.[3]

☖ PARTICIPER AUX PROJETS aux lisières de l'art
contemporain: graphisme, mode, édition, musique…[4]

☖ UN LIEU IMPARFAIT / un lieu bordélique / un lieu au
milieu de l'autoroute, Killiwatch, avec des gamines et
des mamans, qui n'y vont pas comme à un zoo ou à un
cirque / un lieu pour se reposer (donc de l'espace et des
gros canapés, très vides, où on peut bouquiner et écrire
- pour touristes et étudiants largués, en l'air,
complètement shootés d'avoir tant marché - c'est de là
que finalement ils enverront la carte décisive à leur ami

---

[1] ALEXIS KOLNIKOFF, Producteur. [2] TURS#ONE, Graphiste indépendant. [3] THOMAS ERBER,
«révolutionnaire nomade». [4] ANGELO CIRIMELE, Directeur éditorial, OFR, Paris.

perdu, ou trouveront finalement la fin de ce putain
de scénario qui n'en finissait pas)…[1]

☆ AU DÉBUT DU 21E SIECLE?… je ne pense pas plus qu'il
y a 20 ans… soit, que l'art pourrait sauver le monde et
moi avec… que face à l'authentique on doit sentir un
pincement là…, comme un re-douleur, que la salive de la
bouche tourne à l'aigreur, expérimenter un léger vertige
d'orphelinage… quelque chose comme ça.
Que ce lieu-là, doit être ouvert et vivant; parce que
l'art l'est… vous savez, je pense que l'art est quelque
chose de nature presque indescriptible, lointaine,
ancestrale et à la fois fugace, simplement le rendez-vous
de l'homme avec le sacré… avec la vérité, car la voix
de l'art n'en est pas une véritable, si nous la
dissocions de la vérité. Et il faut le rappeler quand-
même, la vérité pèse lourd, a des armes qui blessent
souvent et donnent même la mort… C'est de cette vérité et
de cette forme d'art que je suis serviteur. Donc, il faut
ouvrir les portes d'un lieu «ouvert» à toute forme d'art
«vrai» et «vivant».[2]

☆ UN ENDROIT OU L'ART SE DÉMOCRATISE: plus d'événements,
plus de bruits autour des artistes; un espace où tout se
mélange et où l'on aimerait passer du temps.[3]

☆ J'ATTENDS d'une institution artistique qu'elle érige
l'art avec équilibre et pour l'avantage de tous.[4]

☆ QU'IL PUISSE ACCUEILLIR SANS RESTRICTION toutes les
formes d'arts et de cultures.
Qu'il soit un véritable espace de liberté pour les
artistes et les visiteurs.
Il doit aider les artistes et le public à développer
leurs sens créatifs.[5]

☆ LA VIE.[6]

---

[1] ALEXANDRE THUMERELLE, OFR, Paris. [2] JULIAN DEMORAGA-LUNA, Artiste-peinteur-chanteur-
compositeur-écriteur-théâtreur-scèneur-performeur.[3] DIANE GOLDSTEIN, Styliste.
[4] TIPHAINE DEGUELLE, Styliste. [5] EMMANUEL CHOLLET, Directeur, label Fiat Lux.
[6] JEAN-PIERRE KHAZEM, Photographe.

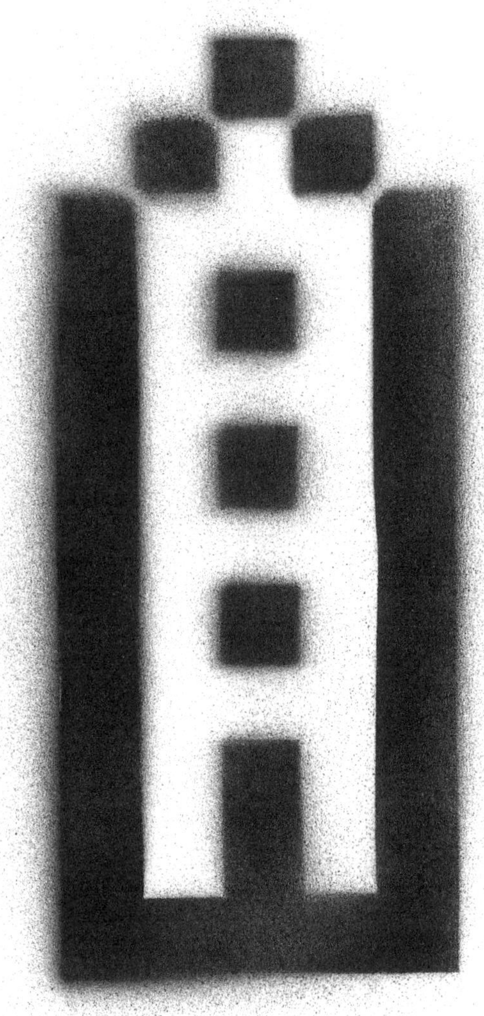

⚥ BIEN ENTENDU, je pense qu'elle devrait être flexible
et ouverte au public à des horaires bizarres (la nuit);
il devrait y avoir des fêtes, des concerts et, pour des
gens comme moi (qui n'ont pas d'appartement avec une
douche), des saunas, jacuzzis et bains moussants. Plein
de livres et d'éditions rigolotes. Entreposage facilité,
accès libre.
Pour monter les expositions, il devrait y avoir un bon
atelier et les personnes qui y travaillent devraient
savoir où se trouve quoi. Ç'a l'air bête mais ce n'est
pas toujours évident. Les horaires d'installation
devraient bien sûr jouer l'élasticité. Les artistes
devraient avoir les clés. Bière et nourriture + boissons
multicolores pour les personnes au travail.[1]

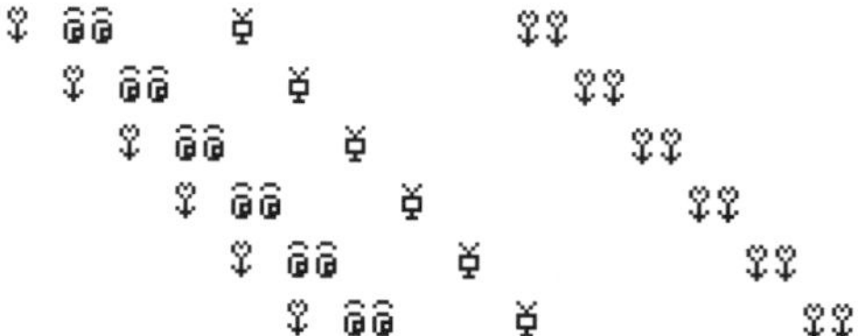

---

[1] JACOB FABRICIUS, Curator.

⚥ QU'ELLE ME FASSE PERDRE LA NOTION DU TEMPS: seconde, minute, heure, jour, mois, année, décennie, siècle… [1]

⚥ QU'ELLE SOIT EXPÉRIMENTALE et complètement ouverte aux jeunes nouveaux artistes.[2]

⚥ LA BEAUTÉ.[3]

⚥ ELLE SE DOIT DE CONSIDÉRER LA CRÉATION COMME UN TOUT. Elle doit briser le carcan qui ne fait de l'art qu'une représentation plastique et esthétique.
Pour cela elle se doit d'avoir le regard le plus subjectif possible sur ce qu'est l'art aujourd'hui… Peintures, Sculptures, Photos. Oui, mais aussi: Musiques, Publicités, Littératures, Sports, Cuisines, Designs, Modes, Automobiles… La liste n'est pas exhaustive.
Cette institution doit proposer autour de ces thèmes des spectacles en mouvement, vivants et interactifs.[4]

⚥ DE L'ART DE RUE.[5]

⚥ J'ATTENDRAI D'UN TEL LIEU qu'il propose un bon équilibre entre design de pointe et intérieur chaleureux, pour y réconcilier, autour de son contenu, amateurs chevronnés et néophytes, à qui l'art peut souvent paraître froid et rébarbatif.[6]

⚥ D'ETRE À LA HAUTEUR DE WILLIAM S. BURROUGHS déclarant à la nova convention (Genève 1976): «Le futur de l'écriture est dans l'espace, pas dans le temps».[7]

⚥ QU'IL OUVRE AVANT LE 31 DÉCEMBRE 2100 et qu'il ne ferme jamais ses portes avant 2h00 du mat'.[8]

⚥ IL ÉTAIT UNE FOIS, un endroit de 3000m2 dans lequel je venais voir ce qu'il se passait dehors tout en étant

[1] PHILIPPE NOISETTE, Journaliste. [2] STÉPHANE SEDNAOUI, Photographe et réalisateur. [3] MEDHI, Producteur et DJ. [4] MATHIAS DEGUELLE, Artiste. [5] NATHALIE CANGUILHEM, Réalisatrice. [6] DIMITRI FROM PARIS, Music producer et DJ. [7] YVES ADRIEN, Auteur. [8] RAPHAEL TURCAT, Rédacteur en chef, Technikart.

dedans… Ce magnifique espace était même devenu mon lieu de «on se retrouve où?» Il est vrai que le lounge était très accueillant, canapés confortables ambiance Friends, une multitude de magazines étalés sur un immense mur mis à disposition, une sélection de cafés Starbucks (pour moi se sera un moccaccino supplément caramel), une musique de fond tranquille, quelques ordinateurs pour que je puisse checker mes mails, j'arrête sinon je pourrais encore continuer pendant des heures. A l'entrée, c'était écrit «site de création contemporaine», j'avoue que l'idée d'entrer dans un lieu dédié à l'art contemporain me faisait un peu flipper. J'imaginais des gens tous nus en train de faire de la peinture, un fou avec un bout de tuyau se prenant pour Mozart, une machine qui fabrique du caca (quoi, ça existe vraiment!)… J'attends d'un site de création contemporaine qu'il ne me fasse pas peur.[1]

NOUS ATTENDONS DONC d'un lieu d'art pour le prochain siècle qu'il se démocratise et essaie un minimum de ne pas rester clôturé dans le ghetto du monde de l'art. Qu'il s'ouvre à des formes de créativité nouvelles, qu'elles viennent de la rue ou non, et qu'il laisse place au mélange créatif. Bref, que ce lieu donne les moyens à beaucoup d'artistes de s'exprimer et que les gens qui décideront de qui fait quoi soient des gens intelligents, ouverts d'esprit et cools, tout simplement. Aussi, que les galeristes restent définitivement séduisantes et raffinées en freinant la drogue parce que ça ne rend pas toujours très aimable…[2]

J'ATTENDS D'UN TEL LIEU la destruction complète et définitive de l'art afin que l'art devienne facultatif et qu'on puisse enfin passer à autre chose (l'érotisme?). Appelons donc ce lieu «club panico». J'attends d'ailleurs la même chose d'une bibliothèque. Qu'elle se consume comme celle d'Alexandrie… qu'elle brûle.[3]

---

[1] PEDRO WINTER, Entertainer et Production manager de Daft Trax. [2] LA MJC, Organisateurs d'événements artistiques. [3] ARIEL WIZMAN, Père de famille (inquiet pour la nouvelle génération).

De l'arTgen[1]

GARANTIR LA MÉMOIRE des siècles précédents tout en
défrichant la création contemporaine.
Faire exister une œuvre en son temps plutôt que de la
sacraliser post-mortem (donc de la cristalliser), aux
moyens d'interactions «artiste-public» plus efficientes.
Et surtout donner du rêve en poussant les limites d'une
virtualité toujours plus nécessaire (en jouant avec
technologies et académisme…).[2]

PREMIEREMENT je supporterais mal qu'elle se coupe du
20e siècle. J'attends donc qu'elle soit humble et
reconnaissante des siècles passés sans lesquels elle
n'existerait pas. Une telle sagesse peut-être lui
permettrait-elle d'être joyeuse et confiante dans le
siècle à venir et pourquoi pas les suivants (on peut être
humble et ambitieux). Il faut éviter l'arrogance et le
désabusement, on attendra la fin du siècle pour ça, quand
il faudra faire les comptes, enfin, nous, nous n'y serons
plus, alors… ayons confiance dans l'art que nous ne
connaissons pas encore.[3]

DES EXPOS BIEN SUR. Et des salles de consultation…
Avec toutes sortes de films expérimentaux à regarder.
Et aussi, une énorme énorme librairie pleine de livres
d'art moderne… Avec toutes sortes de films expérimentaux
à acheter.[4]

DES EXPLICATIONS SIMPLES pour des gens normaux…[5]

QU'ELLE SOIT ÉLECTRIQUE, généreuse, calme, centre d'une
recherche visuelle et d'une intelligence inattendue.[6]

QU'ELLE REGARDE simultanément derrière et devant elle.
Qu'elle bouscule la mode et les normes acceptées. Qu'elle
n'use pas de rhétorique. Qu'elle respecte le public.
Qu'elle célèbre l'humanité. Qu'elle évite la pureté et

---

[1] BENOIT MÉLÉARD, Designer. [2] GILLES ROSIER, Styliste. [3] JÉROME BEL, Chorégraphe.
[4] GASPAR NOÉ, Réalisateur. [5] H5, Graphistes. [6] BICE CURIGER, Directrice, Parkett.

crée un contexte et, qu'ensuite, elle célèbre
occasionnellement la pureté, à l'exclusion de tout le
reste. Qu'elle déjoue toutes les prévisions. Qu'elle
montre parfois de la colère et de la frustration.[1]

✳ L'INSTITUTION DU 21E SIECLE devrait être suffisamment
légère et flexible pour suivre les idées et les activités
les plus excitantes des artistes, critiques et curators
contemporains. Elle devrait attirer des publics issus des
cultures, générations et milieux les plus divers.[2]

✳ J'ESPERE QUE LES INSTITUTIONS culturelles seront de
moins en moins des institutions bureaucratiques avec
lesquelles on doit travailler en dépit de la véritable
corvée, de la perte de temps et des prises de tête que
ces rapports représentent trop souvent.
J'espère que les musées seront plus que jamais
attrayants, se basant moins sur la présentation de
chefs-d'œuvre que sur l'exposition situationnelle et
contextuelle des artefacts. Une visite dans un musée
d'art sera aussi attrayante qu'une visite dans un musée
de science et technologie, par exemple. On saura
clairement qui a fait quoi et quand, mais aussi comment
l'artiste l'a fait et comment il en a initialement eu
l'idée. Et surtout, il faudra qu'on sache clairement
pourquoi l'artiste pense que cette idée particulière
est si importante et quelle impression il a ressentie
en la réalisant.[3]

✳ CELA DEVRAIT ETRE UN MELTING-POT pour de nombreuses et
différentes sortes d'énergies créatives libres,
indépendantes d'une utilisation économique directe. Les
artistes présentés et soutenus par le futur musée ne
doivent pas nécessairement produire des objets d'art,
mais peuvent être des scientifiques, des cinéastes, des
essayistes, des journalistes, etc., travaillant sur une
thématique spécifique sans que l'objectif premier soit un
succès économique. Pour créer un espace de travail à la

---

[1] EMMA DEXTER, Curator, Tate Modern, Londres. [2] HELENA KONTOVA, Editrice.
[3] LARA BOUBNOVA, Curator.

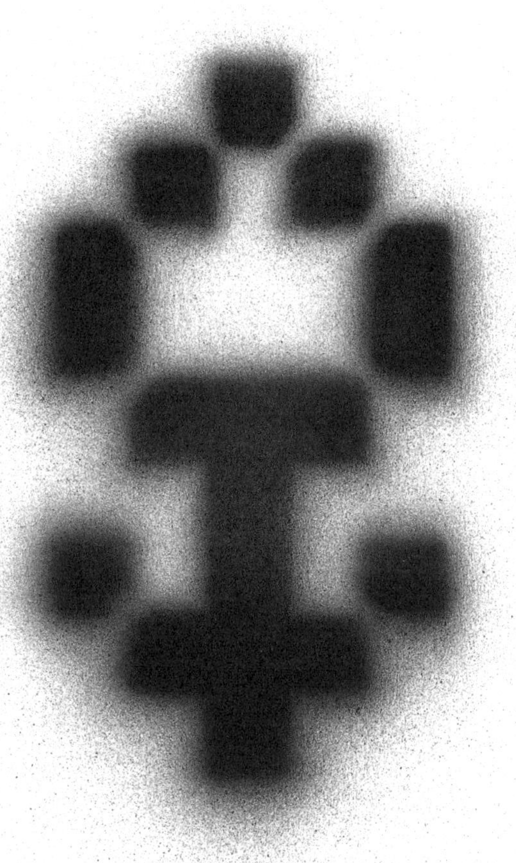

⚘ EN SORTANT DU 21E SIECLE, veuillez laisser les lieux
pour l'art dans un meilleur état que celui dans lequel
vous les avez trouvés en entrant.[1]

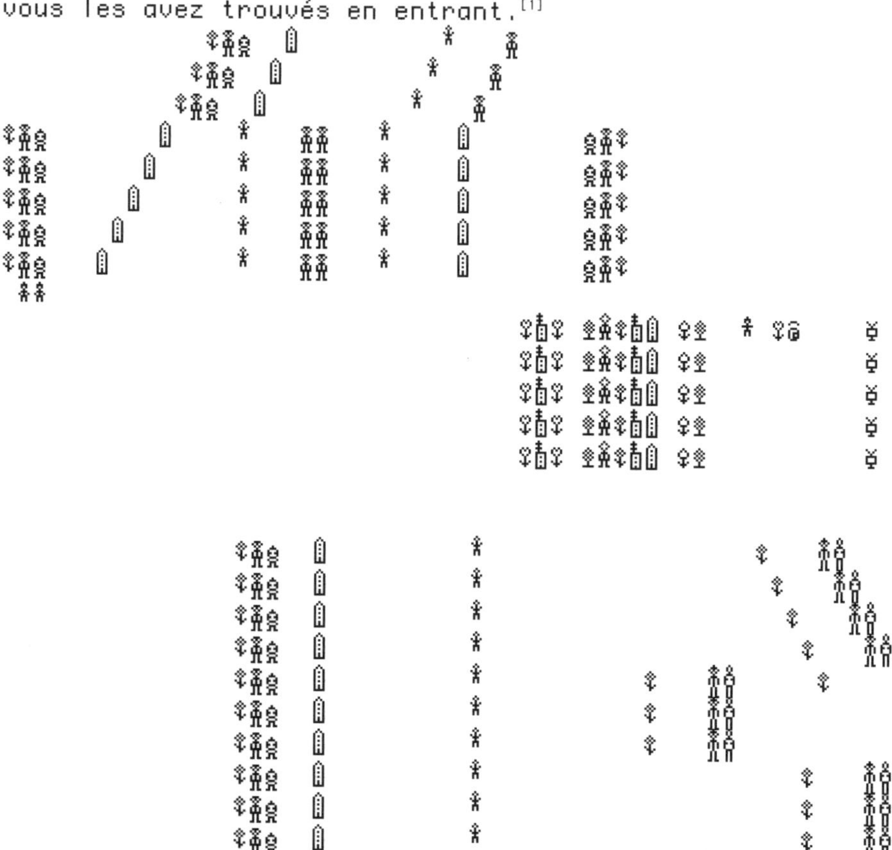

[1] LAURENT BUSINE, Directeur des expositions, Palais des Beaux-Arts, Charleroi.

fois public et protégé, un laboratoire pour les différentes formes de vie, l'art et la théorie seront aussi importants à l'avenir que le souci de la mémoire culturelle.[1]

⚲ J'ESPERE QUE LE CONCEPT d'«artiste professionnel» se répandra et amènera plus d'oustsiders dans les institutions.[2]

⚲ LE DIALOGUE, le débat, l'examen de conscience au sein de l'équipe définissent et créent de nouvelles directions pour l'institution du 21e siècle. Les artistes prennent des risques chaque fois qu'ils montrent leur travail au public. Alors, pourquoi les curators et les directeurs n'en prendraient-ils pas?[3]

⚲ J'ESPERE QUE LES SYSTEMES DE RÉSEAU seront établis entre les institutions et les galeries du monde entier, de sorte que les gens puissent consulter les catalogues des expositions/projets actuels, passés et futurs.[4]

⚲ LES ARTS PLASTIQUES, ou l'art en général, seront de plus en plus importants au 21e siècle. J'attends de l'art qu'il donne à voir, parler, sentir, expérimenter et participer à tous les publics.[5]

⚲ CE QUE J'ATTENDS d'une institution artistique du 21e siècle… Par exemple, la sélection des œuvres serait effectuée par vote ou les œuvres pourraient être vues (ou achetées) par pay per view… L'institution elle-même pourrait se déplacer dans d'autres espaces, des particuliers intéressés pourraient prendre part aux activités de l'institution… L'emploi de systèmes tels que les «stock-options» ou les «dividendes» (l'institution détiendrait 50 % des parts)… La promotion d'«art authentique» que tout le monde pourrait acheter… Ces éléments conviendraient au 21e siècle, non?[6]

---

[1] ANSELM FRANKE, Kunstwerke, Berlin. [2] KYOICHI TSUZUKI, Editeur. [3] PETER DOROSHENKO, Directeur, Institute of Visual Arts, Milwaukee. [4] SHIGERU BAN, Architecte. [5] LICA, 20471120, Designer. [6] MASAHIRO NAKAGAWA, 20471120, Designer.

✳✿ J'ATTENDRAIS d'un espace d'art du 21e siècle des œuvres de plusieurs et non d'un seul artiste à moins qu'il y ait une raison spéciale, plein de lumière naturelle et une ambiance décontractée. Le Tate Modern a tiré parti de ces éléments sur une grande échelle, il serait intéressant de voir si quelqu'un pourrait accomplir la même chose sur une plus petite échelle.[1]

⚥ L'OBJECTIF SERAIT D'AGIR comme le filtre le plus créatif pour tous les arts. Exploration des nouvelles formes d'art et une expérimentation de l'avenir de la diffusion de l'art pour tous.[2]

⚥ UNE IMAGE DE MOI.[3]

⚥ QU'ELLE AIT UNE VISION (le résultat d'une compréhension du présent);
qu'elle représente un choix tentant parmi les autres lieux de divertissement (tels que clubs, bars, cinémas, etc.);
qu'elle crée une conscience politique et sociale tout en s'engageant dans un discours esthétique.[4]

⚥ J'AIMERAIS VOUS REMERCIER de prendre cette initiative et de faire l'effort de nous demander comment nous envisageons le futur pour le Palais… Je pense qu'il devrait vraiment être encore plus innovant que l'ARC et Beaubourg en laissant des personnes plus jeunes ou non institutionnelles, cependant PROFESSIONNELLES, y organiser des expositions ou des happenings. Je pense que vous devriez accepter les dossiers de projets et d'expositions davantage sur le mérite que sur le statut. J'aimerais également y voir du multimédia, de la musique live et électronique, des performances, des fêtes. Il y a peu d'endroits grands et respectés qui donnent le temps, l'espace et les moyens pour encourager les «nouvelles vagues» de la culture française. Merci de me tenir au courant de toutes les activités du Palais et encore bravo pour cette initiative![5]

---

[1] SIE, DJ/producteur, Pussy FOOT Rec. [2] EMMANUEL DE BURETEL, Président, Virgin Continental Europe. [3] BOOM BASS, activiste Cassius, Producteur. [4] LOVETT/CODAGNONE, Artistes.
[5] ANNA MARGARITA ALBELO, Responsable des événements, Têtu Magazine.

QU'ELLE SOIT UN LIEU D'INTERACTION entre le public - de tous les types - et ses activités. Elle devrait ressembler à une bibliothèque ou un centre d'information, immense et vivant, où les gens peuvent expérimenter, découvrir, se reposer et s'y remettre.
Un lieu où l'imagination a libre cours. Où toutes les propositions sont valables.[1]

CE COMMENTAIRE VOUS PARVIENT de la diaspora institutionnelle Berlin, où l'engagement de la part des musées ou des responsables politiques pour l'art contemporain est encore malheureusement assez sous développé: une institution devrait créer, au-delà des apparences fastueuses - (des architectures coûteuses et des infrastructures surchargées), un espace fonctionnel pour être en mesure de présenter au mieux les positions actuelles de l'art contemporain. Détaché des tendances et des modes, cet espace doit s'établir aussi comme une plate-forme discursive pour les professionnels. Une institution du 21e siècle doit s'intéresser en priorité à la sensibilisation d'un public «non-initié». Pour remplir cette tâche elle doit s'ouvrir et présenter un vaste éventail d'offres de médiation culturelle.
Il s'agit de rompre le cercle très fermé des professionnels de l'art, et de servir d'intermédiaire pour favoriser une compréhension du langage de l'art pour le public non-initié. C'est en entreprenant ces démarches que le forum des passionnés s'élargira en engageant aussi avec lui des nouveaux promoteurs, porte-paroles, collectionneurs et médiateurs.[2]

EN 1937, au moment où en Europe montaient les fascismes et, avec eux, l'intolérance et l'éradication que l'on sait, de l'art, de la modernité et du «cosmopolitisme», émerge le Palais de Tokyo avec ses deux ailes solidairement autonomes et symboliquement ouvertes entre Seine et ciel. D'emblée vouées à l'art et, d'ailleurs, à la contemporanéité sans frontières.

---

[1] SUZANNE COTTER, Commissaire d'expositions, Hayward Gallery, Londres. [2] MATTHIAS ARNDT, Galerie Arndt & Partner, Berlin.

Avec une intégrité enfin retrouvée et une potentialité
énergétique formidablement redéployée, tous les envols
sont désormais possibles dans l'excitation de nouvelles
aventures. Celles des artistes d'abord. Avec de nouveaux
risques, de nouvelles turbulences, accélérations,
décélérations, vertiges, dérives, planants et
planétaires… Imprévisibles sûrement.
Balises? – Vite –[1]

☥ L'IDÉE QUE JE ME FAIS d'une institution artistique
me pousse quasi-mécaniquement, et peut-être un peu
malhonnêtement, à ne rien en attendre a priori. Rien à
attendre parce que, justement, seul prime l'effet de
surprise, la découverte de l'inattendu. Je souhaiterais
qu'elle soit une institution la moins institutionnelle
possible, à rebours des voies de passage obligées, des
parcours déjà balisés. Evidemment, elle se doit d'être le
lieu d'accueil et de découverte des avant-gardes en tout
genre, de tous les horizons géographiques et créatifs.
Un espace ouvert: ouvert aux débats d'idées, aux
rencontres entre artistes et le public, mais aussi aux
créateurs issus de la sphère littéraire, musicologique,
cinématographique, dont la parole peut s'inscrire dans
ce lieu. Un lieu forcément convivial, traversé par
les activités du monde, une sorte d'échangeur où se
croisent toutes les intelligences en mouvement.[2]

☥ TOUT.[3]

☥ D'Y VOIR DE BELLES ŒUVRES D'ART, autant que possible.
Une situation simple et dynamique consacrée non pas à la
célébration mais à l'exploration de la complexité infinie
des créations artistiques.[4]

☥ MES ATTENTES concernant une institution artistique du
21e siècle: qu'elle traite davantage des questions en
rapport avec la créativité et le commerce de l'artiste
en tant que spectateur, stratège, manager de ressources,

---

[1] SUZANNE PAGÉ, Conservateur en chef du musée d'art moderne de la ville de Paris.
[2] JEAN-MARIE DURAND, Journaliste. [3] MEHDI CHOUAKRI, Galerie Mehdi Chouakri, Berlin.
[4] MARIO AIRO, Artiste.

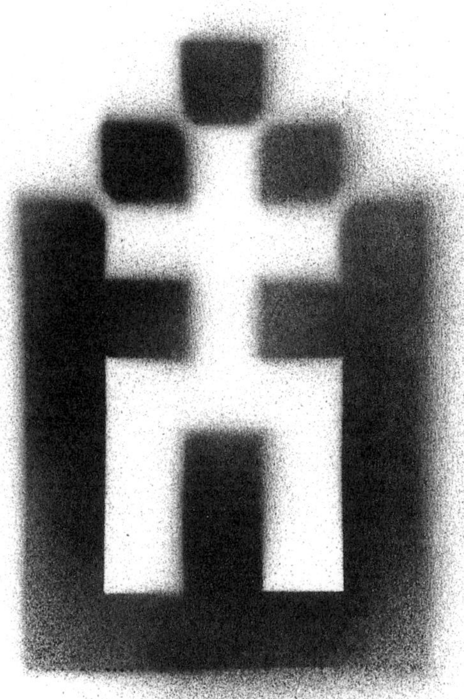

QU'ELLE SOIT INSTANTANÉMENT TRANSGRESSIVE, décalée, pauvre, en sous-effectif, politically-incorrect, qu'elle agace, destabilise, dérange, qu'elle ait des soutiens à l'extérieur du champs politique mais qu'elle fasse néanmoins partie intégrante de la cité, qu'elle ne fétichise pas les lieux et qu'elle reste à l'échelle humaine. Et vivement le 22e siècle![1]

[1] AMI BARAK, Directeur, Frac Languedoc-Roussillon, Montpellier.

chercheur en free-lance, fournisseur de services et
créateur de propositions. Les artistes deviennent de
plus en plus des «culturepreneurs» tandis que les grandes
entreprises se tournent vers eux pour des solutions
créatives et des perspectives originales.
Ce qui représente un développement de partenariat
excitant, qui définit clairement l'art comme une affaire
sérieuse.[1]

◊ LES CONCENTRATIONS DE POUVOIR caractérisent notre
société. Les concentrations de pouvoir forcent les
personnes à se concentrer sur la participation à la
compétition et aux jeux de pouvoir, afin de se créer une
position sociale. Simultanément, avec ces concentrations
de pouvoir dominant notre conscience et influençant
fortement nos situations, l'importance des êtres humains
diminue. Et notre propre importance devient l'importance
que nous donnons aux concentrations de pouvoir, à leur
croissance et à leurs conflits. Il est évident que
l'institution artistique représente aussi une
concentration de pouvoir. Les personnes travaillant en
relation avec l'institution artistique devraient être
conscientes des droits des personnes et, par conséquent,
chercher à organiser les plus petites concentrations
de pouvoir possibles. Cela rendrait l'institution
artistique superflue et créerait la possibilité pour
l'art de faire partie de la vie et du comportement
quotidiens de chacun.[2]

◊ VOICI CE QUE NOUS ATTENDONS d'une institution
artistique du 21e siècle! (En dehors d'un hélicoptère
avec essence gratuite pour chaque artiste et un espace-
labo pour les résidences.) Elle devrait présenter l'art
et la culture contemporaines. Elle devrait servir de
plate-forme aux artistes de différents domaines et aussi
de maison pour que le public puisse voir de l'art
contemporain international et rencontrer les artistes
durant les expositions, les conférences, les concerts,
etc. Elle devrait permettre le développement de projets

---

[1] DANIEL CROWE, Editeur. [2] N55, Artistes.

en commun avec les artistes. Elle devrait faire partie
d'un réseau international, sans perdre sa vision locale.
Un lieu vivant, un lieu de l'«immédiat».[1]

⚶ J'ATTENDS d'une institution artistique du 21e siècle
qu'elle explore - déployant tous les moyens nécessaires
et quelle que soit l'échelle d'action - l'idée que l'art
et les artistes sont des produits des environnements
sociaux, que la figure de l'artiste est liée aux
fondements de la société. L'institution devrait créer
pour les multiples parties prenantes - artistes et non-
artistes - des opportunités de discussion autour du
sens dans l'art, et contribuer ainsi à de nouvelles
histoires du monde.[2]

⚶ MOINS D'«INSTITUTION», plus de «réseau»: l'institution
artistique devrait accueillir un réseau continuellement
fluctuant de personnes du monde entier, qui travaillent
avec différents médias sur des problèmes régionaux
peut-être très spécifiques, mais qui cachent souvent
des questions très générales. L'attention devrait être
portée sur la technologie et les structures sociales.[3]

⚶ A TRAVERS DES COLLABORATIONS et une programmation
créatives, j'attends d'une institution artistique du
21e siècle qu'elle révise constamment des mots tels que
mainstream, globalisation, qualité et alternative.
Elle devrait offrir des esthétiques différentes et des
perspectives rafraîchissantes sur des réalités multiples,
dans le but d'accueillir de nouveaux publics. C'est dans
la création de nouveaux publics que résidera la force
de l'institution artistique.
Avec une programmation honnête et audacieuse,
l'institution du 21e siècle renouvellerait
continuellement la pensée intellectuelle et, finalement,
si ce n'est principalement, elle tiendrait compte du
plaisir pur.[4]

---

[1] NINA FISCHER & MAROAN EL SANI, Artistes et cinéastes. [2] DECLAN MC GONAGLE, Directeur,
Irish Museum of Modern Art, Dublin. [3] ATILANO GONZALEZ, Manager, WMF Records, Berlin.
[4] SILVIA KARMAN CUBIÑA, Curator indépendant, Puerto Rico.

✳ UNE INSTITUTION ARTISTIQUE DU 21E SIECLE devrait être un lieu où l'on pourvoit aux besoins des artistes. Un lieu où les curators rassemblent les artistes et ne sont pas là pour eux-mêmes mais pour l'art et les artistes… Jusqu'à maintenant, beaucoup d'institutions artistiques rendent les choses possibles pour les institutions mais pas toujours pour les artistes, ces derniers se trouvant là pour décorer les espaces. Une institution artistique du 21e siècle devrait être plus et très généreuse vis-à-vis de l'artiste!!! Le plus important – extrait de The Blue Dogma – restant que: «L'art n'est pas du domaine de l'effet, mais de l'affect».[1]

✳ UNE INSTITUTION présentant de l'art contemporain devrait travailler avec les artistes pour engager un dialogue avec le public afin de les aider à comprendre la vie contemporaine dans toutes ses manifestations, d'un point de vue spirituel comme matériel.
Le rôle de l'institution est de partager, d'éduquer et d'expérimenter.[2]

✳ D'ETRE AUTHENTIQUE VIS-À-VIS DE L'ART; d'éclairer et de célébrer sa relation dynamique et critique à la vie.[3]

✳ JE N'AI AUCUNE ATTENTE. Pas dans l'Art, pas dans les institutions. Les institutions devraient être construites autour du travail que les artistes sont en train de faire, et il est difficile de prévoir ce que sera ce travail. Programmer ou construire une institution à partir d'un système «idéal» de production culturelle entretient toujours plus de relations avec les structures de pouvoir qu'avec la réalité. La réalité en Art se construit chaque jour et elle est imprévisible; et l'artiste travaille dur pour rendre l'art imprévisible. Les institutions qui réussissent sont celles qui suivent les artistes et non celles qui attendent que l'artiste les suivent. Chaque pays ayant ses propres nécessités,

---

[1] GIJS STORK, Directeur, Artimo Foundation, Amsterdam. [2] JEREMY LEWISON, Directeur de collections, Tate Gallery, Londres. [3] DAVID ELLIOTT, Directeur, Moderna Museet, Stockholm; Directeur, Designate Mori Art Museum, Tokyo.

il serait important d'arrêter de promouvoir l'«idéale»
institution internationale pour se concentrer sur les
demandes locales et sur les besoins qui dépendent de la
situation économique du pays. Je souhaiterais que toutes
les institutions artistiques, de chaque pays, soient
radicalement différentes les unes des autres, ainsi, à
chaque fois que je visiterais l'une d'entre elles, je
serais dynamisé par une situation nouvelle, au lieu de
ressentir que cet art et cet espace tentent d'être le
même que partout ailleurs. Cela est déprimant.[1]

TOUTE INSTITUTION ARTISTIQUE du 21e siècle devrait
reconnaître qu'elle n'est rien mais pourrait et devrait
être tout. En trois mots, le «Shoppertainment» (de shop:
magasin et de entertainment: divertissement, ndt) est le
«nouvel idéal culturel». L'église au Moyen-Age a vendu
le salut, vous a conduit à penser que vous ne deviez pas
acquérir de biens. Plus tard, le musée a remplacé
l'église et nous a donné l'opportunité d'acquérir la
connaissance de soi. Aujourd'hui, les magasins ont
remplacé les musées. Leur manifeste est très simple:
la consommation est de l'art. «Shoppertainment» est la
satisfaction que vous ressentez quand vous allez faire du
shopping. Le divertissement n'est pas lié à la dépense.
Le divertissement est de croire, quand vous rentrez chez
vous, que ce que vous avez acheté vous a permis
d'acquérir un peu de connaissance, un certain salut,
a épanché votre soif et satisfait vos désirs mais la
plupart du temps, vous n'en n'êtes pas si sûr.
Alors vous retournez dans les magasins le lendemain
et dépensez plus.
A présent, toute institution artistique doit choisir
entre se comporter comme un fast food, devenant alors un
montreur de fast art, ou dénoncer ces notions à la mode
en proclamant qu'un certain art n'est jamais à vendre:
l'art de la vie. Elle devrait fondamentalement continuer
à débattre de ce qui est authentique et de ce qu'est le
karaoké dans notre culture. Elle ne devrait pas essayer

---

[1] GABRIEL OROZCO, Artiste.

de rendre authentique le monde de karaoké dans lequel
nous vivons. Une institution artistique devrait être
impitoyable dans la mise en bouteille du rire de notre
génie et ouvrir les porte de sa salle de bains à nos
esprits.[1]

⚨ TRES BONNE QUESTION EN EFFET. Je pense qu'une
institution artistique du 21e siècle ne devrait pas être
un musée. Non pas un entrepôt avec de l'art sur les murs,
non pas le gardien d'une Collection Inestimable. Elle
devrait en premier lieu, et avant tout, être un lieu pour
apprendre. Un espace ouvert de communication où chacun
serait incité à chercher activement de nouvelles
impressions qui peuvent changer notre façon de penser. Un
lieu d'échange d'idées sur l'art et un lieu de rencontre
pour des publics attirés par l'art. Elle devrait toujours
éviter d'utiliser le langage et les codes des seuls
initiés du monde de l'art, mais aussi prendre garde aux
exagérations à des fins populistes. Un endroit plein de
joies, où l'humeur est bienvenue. Et elle ne devrait pas
être trop grande.[2]

⚨ BEAUCOUP D'ESPACE MAIS PAS TROP GRAND. Devant tous
les murs quelque chose de blanc, pas trop de lumière,
des endroits sombres, peu d'ouvertures.
Dans quelques salles un éclairage zénithal, comme dans
les musées traditionnels. Un grand «foyer». Un lieu
ouvert où les artistes vivent et travaillent.
Une terrasse sur le toit. De l'extérieur, une maison
normale. Un restaurant avec une grande table et une
cuisine, où on peut voir le chef cuisiner et aussi y
participer. Une bibliothèque/médiathèque sans museumshop
(labels & Brands), mais plutôt une boutique où on peut
acheter des objet introuvables. Des espaces pour les
enfants même s'ils ne sont pas accompagnés de leur
parents.[3]

---

[1] MALCOLM MCLAREN, Artiste. [2] ANTOINETTE REERINK, Journaliste – correspondante en France
de Algemeen Dagblad. [3] STEPHAN MÄDER, Architecte.

UCR
8,50
Emma Rutherford
July '08

SPECIAL THANKS TO:

All the authors for their commitment to this book

Ministère de la culture et de la communication/
Délégation aux arts plastiques, who made this book
possible

LE PALAIS DE TOKYO, site de création contemporaine is
supported by:
→ Ministère de la culture et de la communication/
Délégation aux arts plastiques
→ Caisse des dépots et consignations
→ Pioneer
→ illycaffè
→ Habitat

PALAIS DE TOKYO
Site de création contemporaine

TOKYOBOOK 1

WHAT DO YOU EXPECT FROM AN ART INSTITUTION
IN THE 21ST CENTURY?

PALAIS DE TOKYO
Site de création contemporaine

13, avenue du Président Wilson F-75116 Paris
T+33 1 4723 5401 F+33 1 4720 1531
contact@palaisdetokyo.com
www.palaisdetokyo.com

Directors of Publication: Jérôme Sans and Marc Sanchez

Assistant Editor: Vincent Honoré

Texts assembled by: Eric Binnert, David Cascaro,
Sandra Cattini, Florence Derieux, Federica Flamigni,
Anne-Sophie de Gasquet, Eloïse Guénard, Amiel Grumberg,
Vincent Honoré, Nadège Mézou, Akiko Miki, Catherine
Sentis, Marc Sanchez, Jérôme Sans, Claire Staebler
and Agnès Vielhauer

English translations: John O'Toole, New Yo

Graphic design: M/M Paris

ISBN 2-84711-000-3
Printer: imprimerie Balauze et Marcombe, Canéjan
Distribution: Idea Books
Printed: 01 march 2003
First edition: 2001
Second edition: 2002
Third edition: 2003
© 2001 Palais de Tokyo and the authors

WHY PUBLISH THIS BOOK?

In order to ask certain protagonists of contemporary art and culture a question that particularly interests us.

In order to offer a forum to all those who, like us, have dreamed and continue to dream of institutions that are different: venue-laboratories, places of adventure, open to all questions, contradictions, risks.

In order to situate the general framework of the Palais de Tokyo, which we want to locate as closely to current artistic practices as one can, hoping to preserve such a venue's capacity to change over time. For this project is not the product of a dogma or theory; it is made up of experiments, encounters, questions.

This initial publication then aims to bear witness, the first element in a series of possible scenarios that are to develop over the next three years at the Palais de Tokyo.

Jérôme Sans & Marc Sanchez

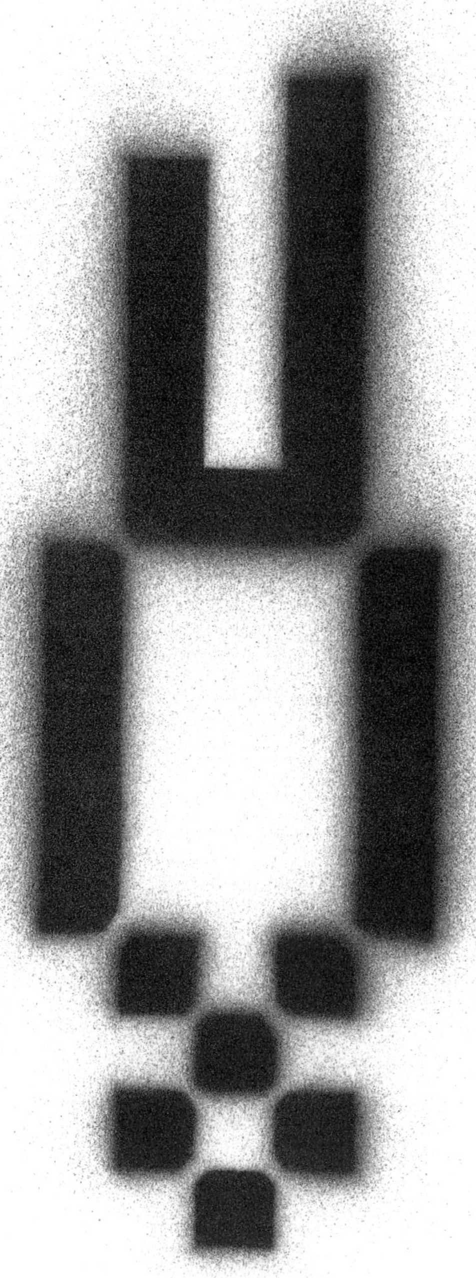

AN INSTITUTION THAT IS ANIMALLIKE, like a chameleon that changes with every moment.[1]

---

[1] JEAN-LUC VILMOUTH, Artist.

ART INSTITUTIONS IN THE 21ST CENTURY need to be at the forefront of cultural change. As fewer social structures maintain their earlier relevance for the public, while art institutions continue to attract more and more visitors, the responsibility of these institutions is to courageously and creatively embrace the new in all manifestations of art. This applies to new media, video and digital work as much as it does to more traditional genres like painting, sculpture and photography. Finally, the need for increased interdisciplinary investigations – into philosophy, urban studies, performing arts, and ecology, to name a few – increases for those institutions which are prepared to offer a synthesis of these previously disparate areas of thought.[1]

MY "IDEAL" institution in the 21st century would be something which is not an "institution" per se, but a flexible and continuously evolving organism, or a network, connecting people of ideas and action in both the "local" and "global" state of being and acting. It should be able to respond to the most diverse forms of thinking and media, especially able to respond to the challenge of the new complexity brought out by the merge of new social urgency and new technology. It should also develop along with the new reality of the collapse of the center of the world.[2]

THE MUSEUM AS TIME STORAGE, KRAFTWERK AND LABORATORY
(Alexander Dorner revisited)
Alexander Dorner who ran the Hannover Museum in the 1920s defined the museum as a "Kraftwerk". He invited artists such as El Lissitzky to realize a contemporary, dynamic display of a museum on the move. Dorner emphasizes in his writings "Ueberwindung der Kunst" (going beyond art), that he intended to transform the neutral white cube in order to assume a more heterogeneous space. Dorner succeeded in pseudo-neutral space of the nineteenth century which was still prevailing and to get

[1] DAN CAMERON, Senior Curator, New Museum of Contemporary Art, New York. [2] HOU HANRU, Independent Curator.

to what to functions which accompany a museum today.
The importance of Dorner lies in the fact that he
anticipated very early the urgency of issues such as:
- the museum in permanent transformation within dynamic
parameters.
- the museum in an oscillation between object and
process: "The processual idea has penetrated our system
of certainties" (Dorner).
- the multi-identitarian museum.
- the museum on the move.
- the museum as a risk-taking pioneer: to act and not
to wait!
- the museum as a locus of crossings of art and life…
- the museum as a laboratory.
- the museum based on a dynamic concept of art history.
As John Dewey wrote, it is through Dorner that we are
"amidst a dynamic centre of profound transformations".
- the museum as a relative and not an absolute truth.
- the elastic museum, which means: both elastic display
and elastic building.
- bridges between the artists, the museum and other
disciplines.
In Dorner's own words: "we cannot understand the forces
which are effective in the visual production of today
if we do not have a look at other fields of life".[1]

THE INSTITUTION IS AWAITED if it is flexible enough,
without bureaucracy.
The institution must become something different from
what we know, since it has to function in net working
and open system and disclosure of information.
It all depends on the mind of people who construct
it and work there.
If it functions well, the institution might disappear
in the more non-political net work of information and
distribution system of fund. Or it will become the hub
of numerous net working and become one of the stations
of people and information.[2]

---

[1] HANS-ULRICH OBRIST, Migrators Curator, Musée d'art moderne de la Ville de Paris, Paris.
[2] FUMIO NANJO, Independent Curator.

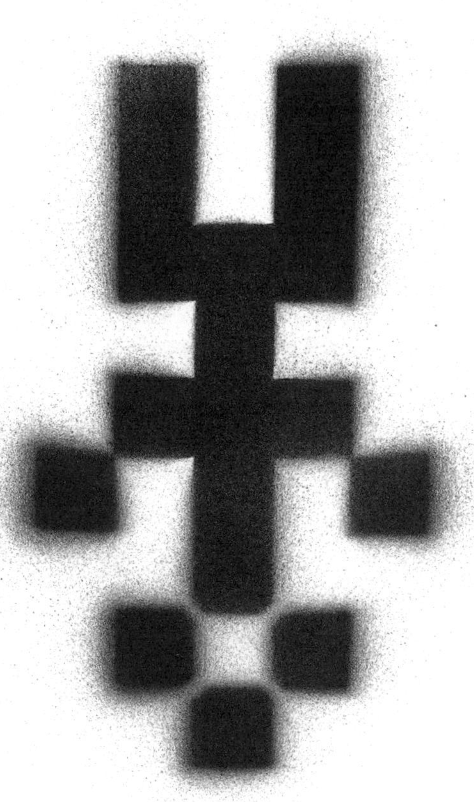

INSTITUTIONS AND MUSEUMS SHOULD BE SCHIZOPHRENIC and
complex, just like life itself. On one hand, they should
be lighter and faster, even portable, with do it yourself
exhibitions and free deliveries, like "Call 1800-MUSEUM
and get a soda, a pizza, a little Matisse and a Duchamp
in the corner". On the other hand, institutions should
resist pure entertainment: they must keep their own
specificity. Museums don't necessarily have to be
pleasing and user-friendly. It's okay to be small,
boring, and dusty. It's okay to contemplate. Museums
should be crowded as streets, and yet preserve some areas
of silence, empty and quiet as a chapel. Ideal
institutions should incorporate difference.[1]

[1] MASSIMILIANO GIONI, US editor, Flash Art.

the conventional practice and toward cross-disciplinary
experimentations.
Contemporary art is a direct reflection of the powerful
influence of technology and media in our everyday lives.
Artists want to step outside of the art institutions and
to be incorporated in the popular culture to reach a
wider audience. Therefore, art institutions must consider
these factor and be flexible both in their representation
of contemporary art and in reaching a greater public.[1]

☟ WHAT I'M INTERESTED IN IS TRYING TO MAKE ART, to have
more relations with everyday life, to involve with more
institutions (not only art institutions), and to cross
the boundaries between art and art institutions. Art
should have more functions in 21st century. Art can be
anywhere, more into our everyday life. Not talking about
the nationality, more about life, the content of life.
Institutions should accept more, try to get more involved
in the artworks; more projects outside, not only showing
works inside the institutions or being in the frame.
I think institution is still important, I'm not talking
about trying to break down the institution, but trying to
open the door, trying to bring people in the institution
as well as trying to go out, that is what I'm expecting.
I expect more possibility in various styles, media,
activities…[2]

☝ A DE-INSTITUTIONALIZED INSTITUTION, away from
gargantuan blockbuster mega-exhibitions and a return to
intimacy, creation, spontaneity, and sociability.[3]

☦ I WOULD IMAGINE that the art institutions in the
twenty-first century would not be composed by hardware
and software, but by contents and interface. In other
words, institutions would take part in the construction
of contents, while introducing interface without
hierarchy, which would make easier the approaching and
understanding of the audience. At the same time, it is

[1] SHIRIN NESHAT, Artist. [2] NAVIN RAWANCHAIKUL, Artist. [3] CLARA KIM, Curator, SFMOMA,
San Francisco.

important to feed back the knowledge and reaction of the audience and to create a live system that would reflect such ideas.
Collections by institutions, existing works created in artists' studios, and the new projects organized by institutions will play an important role in composing such elements in new institutions. Therefore, the notion of building as hardware will become only an element in viewing the artwork.
In other words, the concept of artwork will be free of buildings as a venue of display, making it possible to relocate into cities, and the world itself. Such conditions will demand a need for curators to create the contents according to place of display and cultural context of each place, by researching extensively as well as possessing the original discourse.
For example, in Kanazawa, the museum has three Cs, Consciousness, Collective Intelligence, and Co-existence, as its keywords in order to create a magnetic field in which we could share these concepts, thus making them the metaphor of the institution.[1]

◊ I HAVE AN EXTREMELY UTOPIAN EXPECTATION of the art institution of the 21st century. I would expect it to be internationalist in attitude, without confining itself to any single hegemonic notion of the global, or to any dominant ideology of art, culture, nation or progress. On the contrary, I would expect that its doors would be open to the increasingly risky, wayward, unpredictable images and narratives that will be woven by artists, critics and curators, as they wander across the globe, transgressing the fossilised borders of the 20th century's nation-states, power blocs, spheres of influence and hierarchies of style.[2]

⚜ HAVING PARTICULAR EXPECTATIONS for the art institute of the 21st century will give us particular disappointments. What is important is to not view the art

---

[1] YUKO HASEGAWA, Chief Curator, Museum of Contemporary Art, Kanazawa. [2] RANJIT HOSKOTE, Art critic and cultural theorist.

institute with any special importance, then perhaps it
would take on some importance.[1]

---

§ DEFINITIVELY, I don't except an institution to be the
fortress of the elitism. It has to be the moderator
between different artistic strategies, from different
political, aesthetic and cultural origins (including
collaboration with all different art fields like film,
design, music, literature etc.). The institution could
help in the demystification of contemporary art. It
should take a bigger and more active part in everyday
life.[2]

---

§ THE INSTITUTION SHOULD BE AN INTER-MEDIATOR of art
in collaboration with the individual initiatives from
different sides of the art world. Much more open for
different life and artistic attitudes then before. The
institution should connect the art-world and life:
aesthetic, cultural, and political, which respects more
the context of artistic initiative than the power of
the art system.[3]

---

§ FIRST, I WOULD FIND IT HARD to accept that such an
institution cut itself off from the 20th century. So I
would hope that it was humble and grateful toward past
centuries, without which it wouldn't exist. Maybe such
wisdom would enable it to be both joyous and confident
in the coming century and, why not, those to come (you
can be both humble and ambitious). Arrogance and
disillusionment have to be avoided; one can wait for the
end of the century for that, when people will have to
take stock, and anyway we will no longer be around, so…
let's trust in the art that is unknown to us.[4]

---

§ IT SHOULD BE ELECTRIC, generous, calm, a center for
visual experimentation and of unexpected intelligence.[5]

---

§ AN INSTITUTION WHERE all forms of art are integrated,

[1] CAI GUO-QIANG, Artist. [2] ALEKSANDAR BATTISTA ILLIC, Artist. [3] IVANA KESER, Artist.
[4] JÉRÔME BEL, Choreographer. [5] BICE CURIGER, Director, Parkett.

a place the public treats as a community centre where creativity, knowledge and information are exchanged without the superstructure of high and low art, authority and layman, etc., an institution that grows and develops organically with the community.[1]

♀ THE ART INSTITUTION OF THE 21ST CENTURY will help changing our perception of time.
Time or duration will essentially be memory, consciousness and freedom.[2]

♂ AN INSTITUTION DEDICATED TO CONTEMPORARY ART of the 21st century will depend on the art "objects" of this century (and works of the 20th century will be important for the 21st century). It is impossible to make predictions, but personally I still will expect sterile white spaces in most occasions. What we can expect from curators is that they remember the etymological origin of their name: curare = taking care of. So their institutions should be like nurseries.[3]

♂ TO BECOME UNRECOGNIZABLE.[4]

♂ SEARCHING, Embracing and Facilitating.[5]

♀ HIGH QUALITY on all levels. Nice employées & good food.[6]

♂ AMBIENCE AND IMPERFECTION.[7]

♀ I EXPECT from the institutions of the 21st century that they will neutralize gravitation so that visitors and artworks will be flowing around in the air among each other.
It would be good also to have gravitation neutralized from the surroundings around the institution (e.g. garden) but I know that it might be more difficult.[8]

[1] OSCAR HO, Exhibition Director, Hong Kong Arts Centre, Hong Kong. [2] OLAFUR ELIASSON, Artist. [3] WIM DELVOYE, Artist. [4] RAIMUNDAS MALASAUSKAS, Writer and curator, Vilnius Contemporary Art Center, Vilnius. [5] GRAHAM GUSSIN, Artist. [6] VIBEKE TANDBERG, Artist. [7] RUNAR HODNE, Film director. [8] NICOLAI WALLNER, Gallery Nicolai Wallner, Copenhagen.

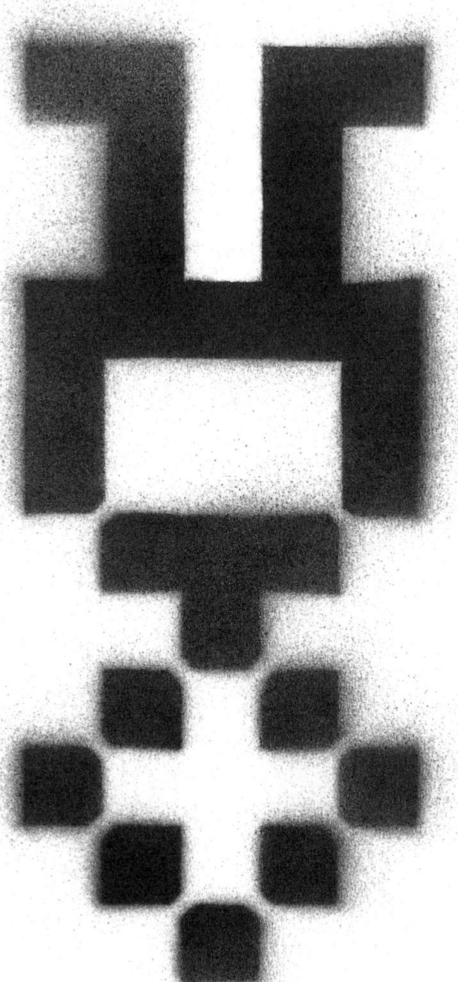

WHAT I EXPECT FROM (ART) INSTITUTIONS of the 21st century is to be more knowledgeable, caring and sensitive to art and artists.[1]

---

[1] YOKO ONO, Artist.

§ I'M TEMPTED TO SAY HOPE, FAITH AND CHARITY but it's too glib. I used to wonder whether art institutions might find themselves constrained by the modifier "art" and its popular meanings. Now, I think the term "art" might be starting to describe that space in society for experimentation, questioning and discovery that religion, science and philosophy have occupied sporadically in former times. It has become an active space rather than one of passive observation. Therefore the institutions, to foster it, have to be part community centre, part laboratory and part academy with little need for the establishment showroom function. They must also be political in a direct way, thinking through the consequences of our extreme free market policies. Secondary questions are whether individual institutions will have the courage to find their own balance in this mix or follow the old centre-periphery model and whether founders can be persuaded to drop the touristic justification for art institutions in favour of increasing creative thinking and intelligence(s) in society.[1]

---

§ I WOULD LIKE TO SEE many institutions being focused, alive, opened, clear, inspiring, honest, brilliant and patient, having dignity, highest standards in terms of quality of work and curating as well as their collections, such as true value of art and life, and it's reality and contiguity, rather than facing all institutions which are only fashionable, commercial, political, imperialistic, sensational department stores to sell the shows to the public.[2]

---

§ I EXPECT FROM A CULTURAL INSTITUTION for the 21st century that Caravaggio was slightly older than Watteau, that the candle of Chardin was almost like a candle of Richter but not exactly the same, that Fritz Lang definitely stopped making films before Lars von Trier ever thought about it, that the concept of life style is different from creating attention, that attention is

---

[1] CHARLES ESCHE, Director, Rooseum, Malmö. [2] SOOJA KIM, Artist.

luxury and luxury is attention, that Deleuze on Beckett is definitely more interesting than Kiefer on Hölderlin, that Mariko Mori is daughter of Yoko Mori- who wrote so brilliantly on the soap bubbles of Jan Steen, that Britney Spears is rubbish but that Patti Smith has more exchange value than Björk and that the use value of exhibitions has to be questioned over and over again.[1]

TO BE NOT an institute.[2]

WHAT I EXPECT from art institutions in the future is that they are flexible and more collaborative. This could mean for example that curators can move from the one institution to the other (internationally) or exchange their positions for a certain time, to learn from each other, share knowledge and expertise. Also art institutions could work more together in organising travelling exhibitions, finding fundings, etc. I long for open minded institutions, working more on an international level where the people involved in the artistic policy move from place to place.[3]

FIRST OF ALL I expect the institution to allow an artist to express his or her views in more space than 5 lines for such a question. Furthermore I think one should expect the impossible, since this is what is to be expected from an artist, and rightly so.[4]

TWO YEARS AGO, I stayed at the Hotel Palenque, where Robert Smithson had stayed some thirty years before. It was my first visit, yet surprise was met by familiarity. It had changed a lot, yet it looked much the same. It had continued to rebuild itself, yet it continued to fall down. Perhaps my expectations of museums are not so dissimilar.[5]

AN "INSTITUTION OF THE 21ST CENTURY" IS A PLATFORM that provides facilities (research, discourse,

[1] CHRIS DERCON, Director, Boymans Museum, Rotterdam. [2] JOP VAN BENNEKOM, Editor and Art director, Amsterdam. [3] MARIEKE VAN HAL, Curator. [4] BARBARA VISSER, Artist.
[5] JEREMY MILLAR, Independent curator and writer.

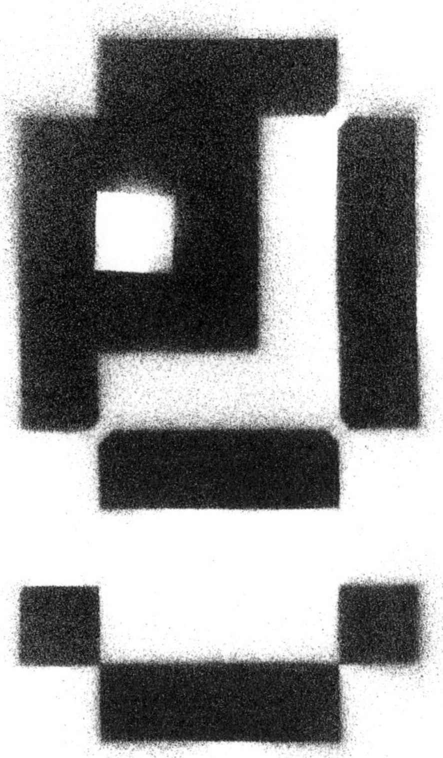

TO WALK INTO A ROOM, A SITUATION, that defines my own
presence. A place that changes depending on how I move
about. A situation that is simply going on that just is.
A space in which lonely thoughts can be shared.[1]

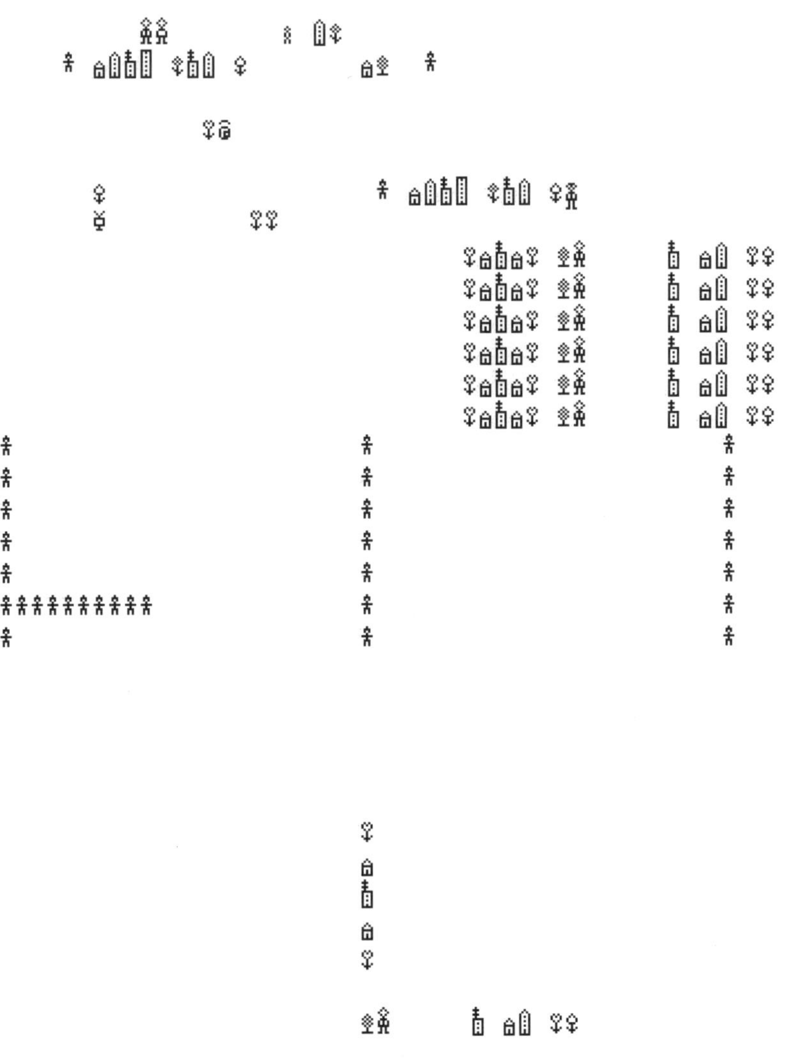

---

[1] JOHN PETER NILSSON, Editor.

production, exhibition) for both the local scene and for international artists, filmmakers, architects, designers, computer experts, writers, researchers etc., to both challenge and foster production and an ongoing discourse in contemporary art.[1]

TO NO LONGER OPERATE as an institution but rather as a model, a model of non-structures which are in conflict, a model which can be remodelled or remoulded, a space of social and cultural representations and a passage of communicating cells. The institution is no longer a building of stone, cement or drywalls or cubicles or surfaces, but rather an organic body, an organism which is more liquid, which is capable of carrying viruses and eliminating influenzas. Perhaps a continuation of collapsing events, which never ends.[2]

FIRST OF ALL, I think that an institution of the 21st century should free itself from the weight that traditionally implies the notion of "institution". It should transform into a flexible "structure", constantly adaptable to the new conditions, needs and contexts generated by contemporary artistic creation. At the same time, it should become a bridge of communication between artists and an audience, which is asked to play a more and more active role.[3]

I STRONGLY BELIEVE that institutions (museums, alternative spaces, foundations etc…) will be more closely linked in the (near) future. What I mean is that the need to be informed of events, shows, symposia on international as well as local levels and from both the public's and the institution's perspectives, will be met more seriously. This extended communication in terms of the "leaking" of information entails a much closer cooperation amongst institutions on all fronts – hopefully –, certainly in terms of information "sec" but more importantly, in terms of content; borders between

---

[1] EVA GRUBINGER, Artist. [2] RIRKRIT TIRAVANIJA, Artist. [3] MONTSE BADIA, Art critic and curator.

disciplines will become truly (not only via lip service anymore) diminished and dialogue amongst them, stimulated. And not to be forgotten but perhaps reinstated; quality of events, not number of visitors, must remain the measure of success.[1]

* AN INSTITUTION of the 21st century should be as connected and informed as possible in its area of specialism. It should be dedicated and interested and be able to convey this to the public in the firm belief that they will actively participate in this commitment.[2]

TO WORK FROM THE BORDERS.[3]

AN ART INSTITUTION of the 21st century will be more a centre of production and distribution than of exhibition. What institutions will mainly produce and distribute will be information and structures, and not transportable art items. An institution will be a nice, agreeable, comfortable place designed for people to work (with portable computers), eat, drink, and occasionally sleep. Staff, artists and public will often exchange roles. The institution will function as a hotel too, for artists and others travelling from an art institution to the next.[4]

AN INSTITUTION should be able to be part of and create a field for the production of artists (butter/foie gras/bread). Besides historical reflections, to be an initiator and possibileer for the development of practise (path thai). Projects different people are working on at the same time in a kind of collaborative or rather integrated way (bollito misto). Definition of problems and contracting possibilities of solutions as a way of curating (wodka martini/rocks/2 olives). Projects that could be worked on for a longer time, not just in a conceptual but also in a physical sense are very efficient and interesting (Beijing duck). For the concept

[1] FONS WELTERS, Galerie Fons Welters, Amsterdam. [2] NICHOLAS LOGSDAIL, Lisson Gallery, London. [3] CARLOS BASUALDO, Curator. [4] DORA GARCIA, Artist.

◊ AN ART INSTITUTION OF THE 21ST CENTURY should have walls next to the imaginary. Pouff… the walls moved, pouff… they're gone, pouff… they are back…[1]

[1] MICHAEL ELMGREEN AND INGMAR DRAGSET, Artists.

of the space satellites and links should be a part of it
(hot dog).[1]

🛉 I EXPECT AN INSTITUTION of the 21st century to
continually deny being an institution. To be
collaborative, flexible and transparent. To be innovative
and creative - not on behalf of the artists, but with
the artists. To be supportive and responsive - within
an active public context. To be subjective, local and
cosmopolitan - for the future.[2]

🛉 SOON THE GUGGENHEIM MUSEUM AND THE HERMITAGE ARE GOING
TO OPEN IN LAS VEGAS.
Doing so, they are about to reinforce the process of
institutionalization of culture, converting creative
impulse of modernity, not only into heritage and patri-
mony, but into global mainstream entertainment value.
Not that there is anything wrong with that."Learning from
Las Vegas" has never been so right, so wrong, so abused.
An expectation for Museums would be that they walk the
line of fracture between immoral certainty and moral
doubts, exploring the role of interdisciplinary cultural
production within a broader cultural, geographical,
social context. The museum of the 21st century (whatever
that means) should be a public place, a place for
symbolic negociation, a place designing the
inappropriate. A place where the audience, the guests
(as they say in Disneyland) not only make the work
but could really figure out who killed Bambi.[3]

🛉 IT IS POSSIBLE TO DREAM of Malraux's Museum without
walls as reality for the 21st century? The new
institution is going to be a body, skin, bones, organs.
The skin is the box, the container, the packaging which
will define its identity in its own urban context.
The bones are all those service that will transform
the museum into an terminal and airport of content,
service that will allow the individual to make of the

---

[1] TOBIAS REHBERGER, Artist. [2] SUNE NORDGREN, Director, BALTIC Centre for Contemporary Art,
Gateshead. [3] PHILIPPE VERGNE, Curator, Walker Art Center, Minneapolis.

museum his or her own home everytime that he or she
will desire so. Finally the organs which will be the
exhibitions that as any organs will need to be fed with
fresh food to function well and clearly. Yet the new
institution, as any other body, will need once in a
while a intellectual and cultural enema in order to
purify its vision and its mandate, to last longer to
function properly.
The big issue today that those that were experimental
places in the field of contemporary art and culture
transform themselves in established venues and very few
attempt have been made to create new bodies. In a way,
it is the same phenomenon that goes on in all western
culture, no new babies are born and the generational
exchange is running the risk to disappear leaving a
panorama full of skeletons.[1]

☠ CONTEMPORARY ART INSTITUTIONS MUST KEEP CHANGING,
just like the art that they present. The art institutions
of the first decades of the 21st century must be
different from the institutions of the last decades
of the 20th century, just as the art itself will be
different. The institutions focused on presenting new art
should have the flexibility to change to adapt to new
developments in art. They should also be adventurous
enough to help to shape the way new art is presented
and perceived, not just passively responding to artistic
trends. A new audience is emerging that does not
differentiate new art from innovative new music, film,
fashion and design. This new audience has the potential
to make new art much more central to contemporary culture
and to make the contemporary art institution much more
important as well. The art institution of the 21st
century should be a broadcast facility as well as an
exhibition facility. Placing the art on the wall or on
the floor and reproducing it in a catalogue is no longer
sufficient. The institution should be a centre for
communication, not just exhibition.[2]

[1] FRANCESCO BONAMI, Curator, Museum of Contemporary Art, Chicago. [2] JEFFREY DEITCH, Deitch
Projects, New York.

AN INSTITUTION of the 21st century should be defined by what does not already exist and by what is needed. Intellectually and structurally it should be flexible in that it continues to adapt to and examine the needs of the community (local and international). Architecturally it need not exist at all. I also can't help but think of Groucho Marx and his remark that he would never wish to be a member of any club that would have him as a member. Perhaps the institution in its desire for change and to be both challenging and useful will eventually be disowned by the term "institution".[1]

THROUGH CREATIVE COLLABORATIONS and programming, I expect the 21st century art institution to constantly revise words like "mainstream", "globalism", "quality" and "alternative". It should offer differing aesthetics and fresh perspectives on multiple realities so as to develop new audiences. It is in creating new audiences that the art institution's strength will lay.
With an honest, risk-taking agenda, the art institution of the 21st century would continuously renew intellectual thought, and it would ultimately, if more importantly, allow for plain fun.[2]

ONE WAY OR ANOTHER, we are all concerned by the audience index. In that sense the institution works in automatic pilot since it has inherited that way of functioning. It's supported by the powers that be, and has the media attention. The institution should be both sensitive and active with the local and global context. Its task is to be part of art development and to create an artistic need within its own community. If the institution cannot do this it should economically support the people who can.[3]

MAINSTREAM ARTS ORGANIZATIONS of the 21st century will, more likely than not, continue to reflect much of the positive and negative aspects that have marked

[1] MARTIN BOYCE, Artist. [2] SILVIA KARMAN CUBIÑA, Independent Curator, Puerto Rico.
[3] BEGOÑA MUÑOZ, Artist.

institutional culture in the 20th century. The recent
trend of major international art museums engaging in
mega-merger marketing partnerships and global, corporate
expansions, for example, does not seem to present an
optimistic model for thinking through the potential
of meaningful institutional change.
Ambitious new arts organizations of the 21st century --
having absorbed the institutional critique made either
explicit or rendered implicit in much of the advanced
art of the second half of the 20th century -- face the
challenge of creating new forms for the production,
distribution, and assessment of cultural expression and
creative work. As before, the most valuable of these new
structures will allow the art of our own time to govern
the possibilities of institutional innovation.
Such an ideal institution would embrace a basic
generosity, transparency, and flexibility; evidence a
distrust of hierarchy and bureaucracy; pioneer new models
of economic independence and sustainability; demonstrate
a core respect for the varied needs of many potential
audiences; and argue for the fundamental importance
of free expression in all of its varied, conflicting,
and challenging forms.[1]

ĝ TO CREATE A REAL LINK between a public and the
different artistic expressions, without any border of
mediums, nationalities, styles and periods.[2]

⚹ AN INSTITUTION in the 21st century can probably be
nothing else than what it is already today: a stage on
which the most different people can develop their wish
for constantly interpreting and describing the world
around them in a new way. In other words, I have no
idea what else to expect. One request, maybe: the stories
that are told in a museum or wherever should be a part
of the contemporary world more than ever so as not
to lose attention and with it their meaning.[3]

---

[1] JAMES RONDEAU, Associate Curator, The Art Institute, Chicago. [2] PHILIPPE TERRIER-HERMANN,
Artist. [3] OLAF BREUNING, Artist.

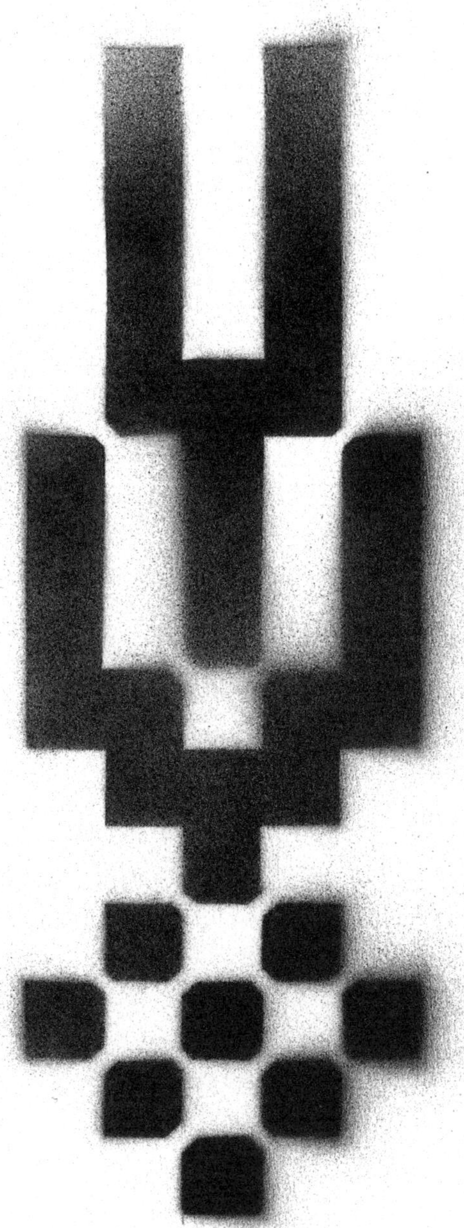

DARE DEVILS, professionalism, experimentation, life,
theory, contemplation, collaboration, money, good
atmosphere, ideas, technology, politics, parties,
new friends, flat organization, history, responsibility,
art, production, freaks, consumption, more female
artists, investment, business, music, research, fun,
meaningful publications, strange experiences, cool
posters, cocktails, death, smoke, anarchy, future.[1]

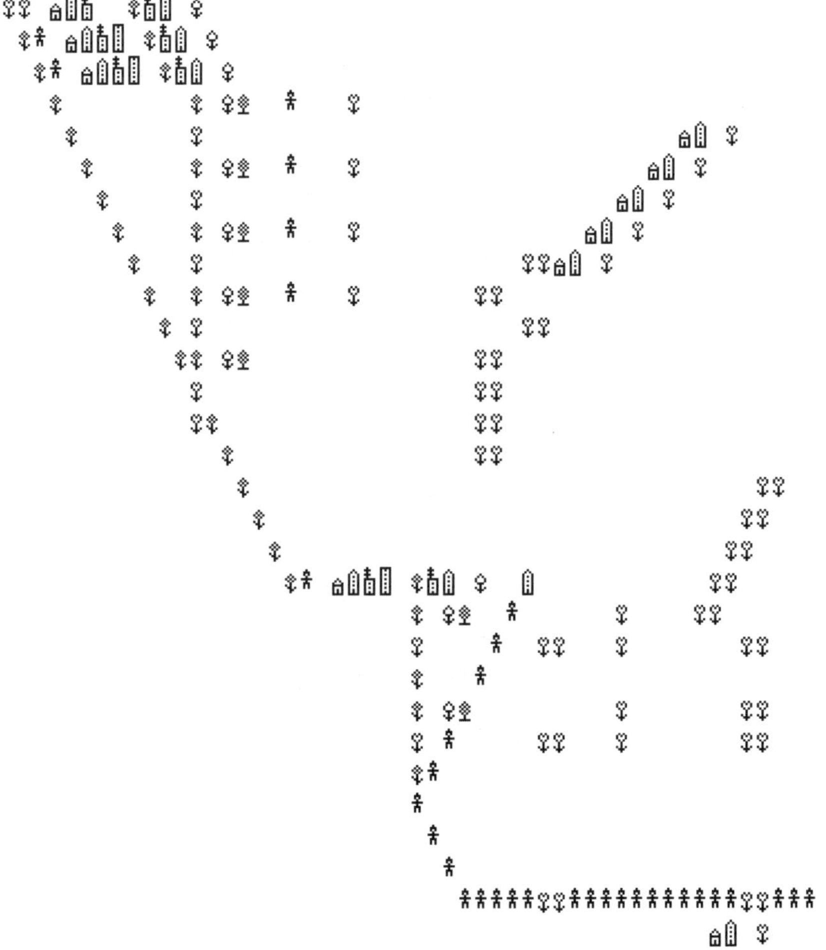

✳✚ I BELIEVE THAT THERE SHOULD BE A DIFFERENCE made between the functions of a museum and a gallery or art center. Galleries and art centers should be very very open to what's happening in the arts today, and museums should try to survey and collect the best that is presented at the galleries and art centers. But museums and galleries that make a real mark on art development and art history are those few that are run by passionate, visionary curators, and such curators can not be produced by plan or wishful thinking. They are sent by gods, like artists…[1]

♀ AN ART CENTRE of our century should present, nurture and provide interpretative frameworks for contemporary cross-disciplinary expressions. The centre should be a centre of dialogue where ideas and experiences are exchanged and challenged. Given our global era, at the core of the centre's programming should be an awareness and support of expressions from diverse areas – that rarely receive attention in new, interesting and complex manners – and their impact on mainframe centres.[2]

♁ THAT IT PRESENT ITS PUBLIC WITH WHAT IT BELIEVES to be the best, the most interesting, the most fascinating areas of contemporary practice, whether they originate on its doorstep or on the other side of the world. That it be aware of technological innovations but not led by them and that it should endeavour to be elastic but distinct. And that it serves good coffee.[3]

✳♁ WHAT DO YOU EXPECT? THE UNEXPECTABLE.
In an era of specialization and commercial concentration on each specific market, it would be desirable to open up interdisciplinary channels of communication. The privilege of an art institution is to be able to touch all of these disciplines world-wide, from architecture, photography, multi-media, video, fashion and blend together all of these separate entities who design the

[1] JONAS MEKAS, Filmer. [2] VICTOR ZAMUDIO-TAYLOR, Independent curator and Researcher, New York and Mexico. [3] KATRINA BROWN, Director, Dundee Contemporary Arts Centre, Dundee.

35

space, the soul and the everyday objects of our identity.
A forum and a melting pot to multiply the potential of
individual endeavours. By opening them up to a grouped
existence of shared communication.[1]

IN OF ITSELF, an institution is little more than an
empty room. But through the concentration of creative
ideas and adherence to high curatorial standards, his
empty room becomes a conduit for something bigger than
like a place where things happen. I expect the
responsibility to go on trying making the world a bit
better.[2]

IF YOU ARE JOHN, should be better as Lennon than Cage.[3]

I GATHER THAT ONE OF THE PROBLEMS an artistic
institution should be aware of in the 21st century is
what I would call transparency. All the activities that
are directly related to art should be clearly separated
from the other events that a museum organizes. The public
should however — in ideal circumstances — be able to have
an insight into the functioning of the museum. This could
be achieved by providing "peepholes" into the walls or
insert glass panels so that the visitors can have a look
at the way in which the administration, the curatorial
staff and the technical team works.[4]

IN THE TWENTY-FIRST CENTURY, an art institution should
continue to develop the moral character of the art world.
Everyone involved with art is interested in the expansion
of human possibilities or greater understanding of their
relationship within the world they encounter.
An institution should create an environment in which
participants can feel secure and hopeful to encounter and
embrace their fears so as to emerge less fearful with a
broader understanding of the world. The institution would
thereby be continuing to the most positive aspect of the
possibilities of art.[5]

[1] CARLO PONTI, Fashion Designer. [2] PAULA BOETTCHER, Gallery Paula Boettcher, Berlin.
[3] JIRO, Architect. [4] JAN HOET, Director, SMAK, Gent. [5] JEFF KOONS, Artist.

⚇ IT IS IMPORTANT FOR ANY CULTURAL institution to adapt its resources to the better support of artists and other cultural producers. This implies an acute understanding of the way cultural practices evolve, and the subsequent changes of needs they require: open ended and instable media art projects cannot be treated as were more traditional art forms such as paintings, photographs, drawings, or sculpture. This for instance translates in needs as concrete as flexible soundproof spaces that can easily be darkened and provide connectivity. It also means that the institutional, on top of being a public interface, is also a producer and a promoter and functions fluidly beyond the delineation of its walls (online, public space, etc.).[1]

⚇ IDEAL ART INSTITUTION of the 21st century should be a functional combination of thoughtful, enthusiastic, open-minded and professional staff and a physical space(s) that can be made to function as an environment for different kind of activities in the field of visual culture with its natural crossovers to other disciplines. It should be attentive widely about social, political, aesthetical and ethical issues and be able to increase the audience's (and it's own) awareness about different aspects of human life, arise thoughts, discussion and action. But the most important thing in the end is that it should be able to launch all this through focused projects in the space, projects that would have maximum potential to communicate with the audience and this is where pure pragmatism will win the day![2]

⚇ ORGACOM MAKES CONTEMPORARY ART about the subject "group cultures" and therefore works together with companies and organisations. Institutions showing the work and concept of Orgacom help to fuel the art-discourse about the relationship between art and companies and the discourse about the different roles art can play in companies. In the future we would like to see art institutions to fuel

---

[1] BENJAMIN WEIL, Curator, SFMOMA, San Francisco. [2] PAULA TOPPILA, Curator, Finnish Fund for Art Exchange, Helsinki.

this discourse. Institutional acclaim helps us to gain credibility in the business world as well as in the art world. In this way institutions help us to do our projects even though we don't rely on them for exposure.[1]

⚘ DO YOU MEAN THE ART INSTITUTION SPECIFICALLY, OR THE INSTITUTION AS A STRUCTURAL COMPONENT OF SOCIETY? It is telling, in any case, that contemporary institutional competence seems to be increasingly organised according to flexibility and global effects. And I'm not so sure about flexibility as an institutional quality; in most cases it means that the willingness to keep up the production in any given scenario comes before the willingness to analyse that scenario. I expect an institution of the 21st century not to lie under for market ideologies, to actively reflect the surrounding world, and to pursue strategies that give people tools for thinking.[2]

⚘ I EXPECT THE ART INSTITUTION of the 21st century to be a wonderful playground of reflection, creation and expression – as well as simply a cool place to hang out![3]

⚘ I THINK THAT ANY INSTITUTION, which really interests me creates a strong identity for itself through a consistent and intelligent programme. Of course I don't mean it should be predictable or not experimental (that's of course the most exciting thing!) but I love the idea of the events or exhibitions that somehow having a conversation with each other and that the artists are chosen for a more interesting reason than because they're new or cutting edge. I like most the idea that over the years the curators and artists are trying to figure out a line of thought together…[4]

⚘ EACH EXHIBITION PROJECT should be a reason to invent a new approach and create a possibility for the unpredictable.[5]

---

[1] ORGACOM (Teike Asselbergs and Elias Tieleman), Artists. [2] LARS BANG LARSEN, Critic and curator. [3] CATHERINE LEFEBVRE, Curator, DCA Foundation, Copenhagen. [4] ANNIE FLETCHER, Writer and curator. [5] CHARLOTTE VON POEHL, Artist.

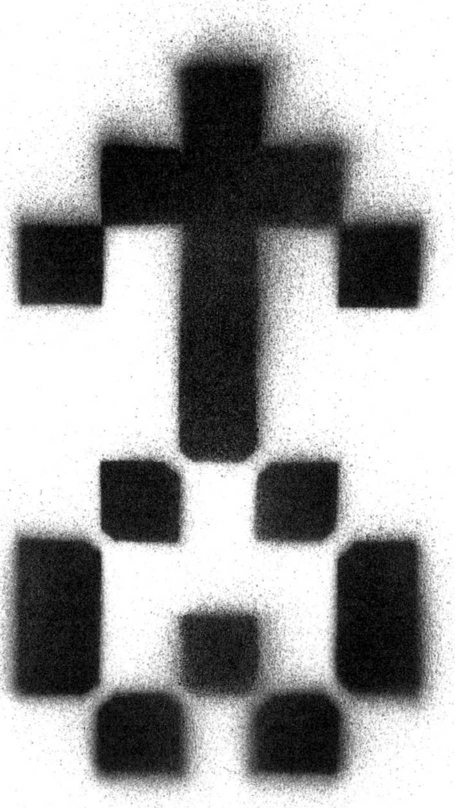

REALISTICALLY I expect the institution to continue to choke all kinds of creativity, to be rigid and snobbish as always, and to be preserved by incompetent idiots without imagination only worrying about keeping their jobs. And I expect artists to continue to lick ass on the institution instead of changing things.[1]

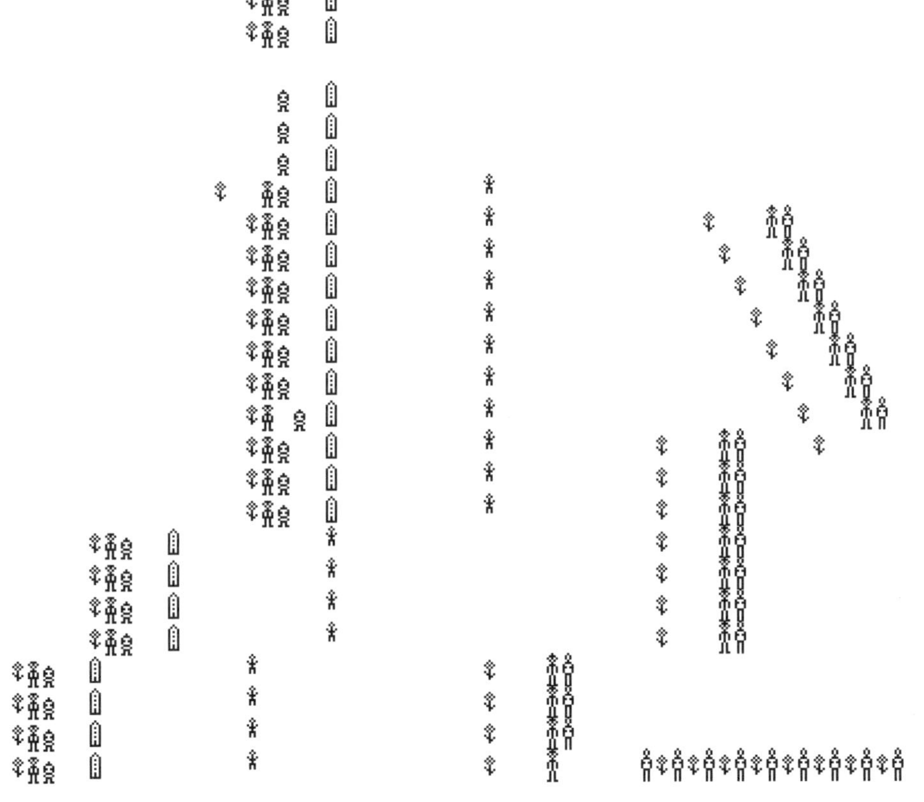

[1] JES BRINCH, Artist.

FROM ART CENTRES in the 21st century we expect to behave like centres. If from the point of view of quantity a great progress was made, particularly in the '90s, which is also evident in the merging of art institutions into multinationals, then we expect that additional criteria will be introduced to supplement the evidently no longer adequate set of criteria for identifying art.[1]

THE PLACE TO OFFER THE MOVABLE DIRECTIONS FOR THOUSANDS OF FUNCTIONS
Allow and open the doors for reality, in the permanent ideas of the temporary senses.
Different layers of statements.
Full of fantasy and freedom of expression
Keep our dreams going…
Necessary to have experiences together.
Like social entertainment.
Crazy and silent, chaos and quiet,
Dirty and clean, useful and useless,
Give and take colourful life,
Offer our warmest relationship.
The place where unexpectable situations happen.
Maybe more movement, maybe less…
It is important for us to deal with different degrees of creations as much as possible.[2]

CONTEMPORARY ART institutions tend to offer outdated frameworks instead of inventive scenarios to represent and encourage artistic, therefore subjective formulations of the fundamental changes occurring everywhere in society. At the same time, it may be an exaggerated wish to expect anyone, anywhere, to be completely up to date, extremely well-informed, glossy packaged, and highly critical all at the same time. Institutions will need time to think this over at least the first two years of the 21st century. Therefore I expect nothing.[3]

[1] IRWIN, Artists. [2] SURASI KUSOLWONG, Artist. [3] DANIEL VAN DER VELDEN, Graphic designer and Texturer.

WHAT DO I EXPECT from an art institution in the 21st century? As an artist turning 30 in the 21st century I find it very hard to answer your question: if I take it seriously I become afraid to sound naive, if I answer with a sort of joke I may become cynical and this attitude will be unfair to you because I still believe the question is interesting. Still, what I like from your question is the naive sign you show by looking forwards into such an immense span of time. Maybe all what I expect is a kind of "naiveté", specific signs of good will.[1]

THAT IT IS HUMBLE,
that it is aware of its own automatism of centralisation,
that it links its own topic to society at large,
that it opens itself to individual projects,
that it aims to end itself.[2]

I EXPECT THERE TO BE NO EVIDENCE of the institution, only of art.[3]

FOR US, AS DESIGNERS/ARTISTS, a modern art institution must be more flexible and easier to deal with as already existing art centers, with a big bureaucratic structure behind, that blocks more than it helps.
From the viewpoint of a visitor, we would expect more work in progress projects than fixed exhibitions.
Also it would be great to have a section which is completely independant from "fashionable" art (= hyped artists/commercially exploited artists) but people who work independant from the art system (and/or even other systems), so that it creates a bigger variety of options and a better documentary of nowadays art. Also the art center should be in contact with the outside life and not be a place where art is imprisoned. The different levels (especially in this incredible place, Palais de Tokyo) should be as much different as possible, so there are many options to see and show) artwork in different contexts and environments.[4]

[1] CARLOS AMORALES, Artist. [2] BART DE BAERE, Curator. [3] GRAHAM FAGEN, Artist.
[4] BLESS, Designers and artists.

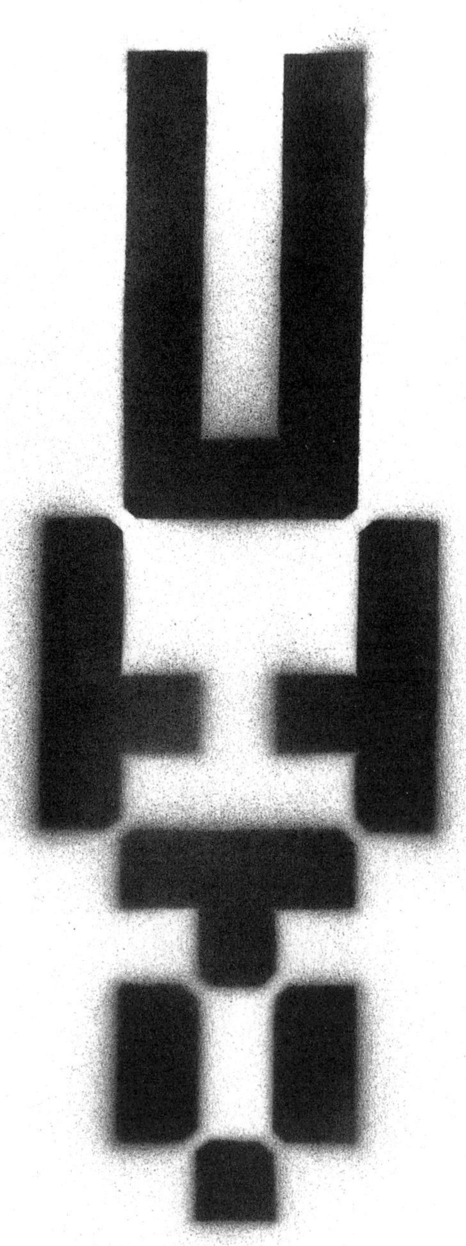

I EXPECT ART INSTITUTIONS to take on the
characteristics of other institutions, such as kinder-
gartens, insane asylums and bordellos. I want
independent thinkers (independent from the art market
and its favorites) to act authoritatively, I want to see
the prejudices and categorizations of the art world
dismantled.[1]

[1] PETER NAGY, Artist and curator, Nature Morte, New Delhi.

IN THE 21ST CENTURY the art institution will no longer
be relevant in its present form. Its status as a
sanctuary will be challenged and its function as a
"container" of precious works will become subordinate
to more urgent needs.
It will become a social factor and assume a critical
function as a cultural agent and protagonist within its
local context. A platform for a discourse that exceeds
the habitual and is qualified and informed by artistic
practice. A hybrid meeting point where artists and public
merge, look, sense, think, talk, eat, date, party.
A place for and with another life.[1]

IN ORDER TO SURVIVE the 21st century and maintain
relevance, art institutions will need to make honest
attempts to address an issue that they have too
frequently ignored in the late twentieth century – the
alarming rate at which even the very idea of a public
sphere is evaporating.
As spaces of public community are replaced by the often
impoverished and usually seamless daily rituals of
consumer life, art institutions must not only acknowledge
their own culpability in the collapse of art into
business, but must also make it their duty to present
and juxtapose diverse artistic projects which
(without being pedantic or prescriptive), offer the
viewer alternative forms of experience and critical
ways of digesting the given world.[2]

I WOULD HOPE that an art centre of the 21st century
would constantly surprise with its sites of operation,
affiliations, and collaborations. Its identity would
haunt and disrupt the imagination provoking and
catalysing cultural change as opposed to believing
its identity is a nice building with a few curators
whose role is simply to display a distorted history of
that culture. If artists were listened to first and
dealers last this might be possible.
Every few years when artists produced boring work the

[1] LARS GRAMBYE, Director, DCA Foundation, Copenhagen. [2] CANDICE BREITZ, Artist.

centre should temporarily close in protest.[1]

⚥ THE FONDAZIONE SANDRETTO RE REBAUDENGO per l'Arte has also asked itself about the characteristics of an art center for the 21st century, especially now that the opening for the new space in Turin, planned for 2002, is approaching.
I believe that an art center should no longer have a traditional "form" (in which only the works are presented), but should instead be an "open" space; that is, a centre for the public which does not simply provide such services as a library, audio-visual facilities, Internet, etc., as well as a bookshop and cafeteria, obviously, but is also a space in which contamination with other artistic disciplines is possible: music, video, cinema, architecture and new media.[2]

⚥ PRESENTING CONTEMPORARY ART, forum for local and international exchange, research centre, forum for new inventions, interventions, discussion and development, links to other parts of the society, education, online, flexible, mirror of our time, and heart of the city.[3]

⚥ ART CENTERS and institutions should not only give top information, they should also be sexy![4]

⚥ I EXPECT A CROSS-CULTURE USER-FRIENDLY CENTER OF MASSCULTURE-RELATED ACTIVITIES. The politically and art-correct version of trash-TV's instant satisfaction, consensus and interactive exercises in how to kick in open doors. What a bore!
What I want is an institution not afraid of being an institution. A place where the well-read art public and everyone else is challenged by the re-introduction of critique, where stones are turned upon, a site of resistance against the conform. Even if that's taking place on the international art scene. In order to

[1] ADAM CHODZKO, Artist. [2] PATRIZIA SANDRETTO RE REBAUDENGO, Director, Fondazione Sandretto Re Rebaudengo, Turin. [3] JARG GEISMAR, Artist. [4] SABINE SCHASCHL, Independent curator.

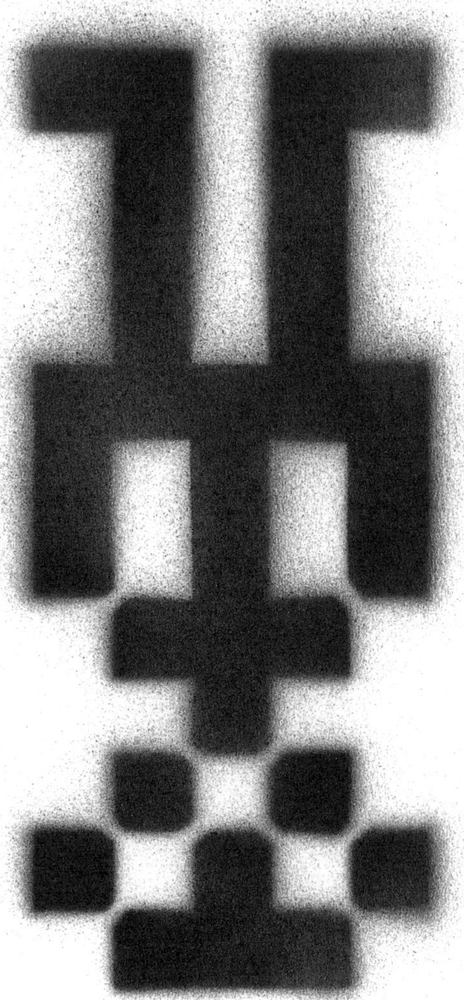

A GOOD INSTITUTION SHOWS GOOD ART. The rest will follow.[1]

[1] DANIEL BIRNBAUM, Director, Städelschule, Frankfurt.

succeed, this place must be very sexy. Instead of the
expected levelling of differences I want to see the
dynamics of them. There shall be: party, real fashion,
real discussions, scandals and of course well-crafted and
cleaver shows, all on the highest level. In short: it
would be elite and open for everyone.[1]

⚱ …THAT IT HAS A DECENT BUDGET for artists' fees.[2]

⚰ A MUSEUM SHOULD BE NOTHING MORE THAN AN OPEN FRAME
which is dynamic enough to respond to all the needs
of art.[3]

⚱ THE MUSEUM IS THE MEDIA! It has to communicate with its
exhibitions, with its architecture, with its books, with
the artwork belonging to the collection, etc. In other
words we have to face the fact that working with and
discussing the arts is no longer an elitistic and sublime
occupation, it is a duty to the public and to the
artists. The unique quality of arts, its critical and
aesthetical power, will be completely forgotten if the
institutions do not deal with the media society - using,
undermining and criticising it![4]

AN INSTITUTION LIKE THIS should act as a catalyst,
bringing together artists with science, technology,
industry and business and it needs a P.T. Barnum to
run the place, a "fixer" of opportunities for creative
acts.[5]

I WOULD LIKE TO SEE MORE institutions witch are focused
on process and projects and not on filling out spaces
(exhibitions) - institutions who do not necessarily have
a permanent space - institutions with a looser formal
structure and a more precise concept behind there
activities - institutions witch are in an un-hierarchical
interaction with their local environment and at the same
time having ambitions and activities which are reaching

[1] LARS NILSSON, Artist. [2] BORIS KREMER, Curator. [3] BURKHARD RIEMSCHNEIDER,
Neugerriemschneider, Berlin. [4] CHRISTOPH DOSWALD, Curator and art critic.
[5] DAVID MACH, Artist.

out of the city, country and culture where they are
located in.[1]

THE FUTURE ART INSTITUTION SHOULD GET CLOSER to the
artists, to the production of the artworks, much closer
to the audience too. The most important - such move
shouldn't look like a fashionable twist, but as a really
conscious strategy. One can say that now a lot of
institutions do have such behaviour. The only problem is
that in the most cases this is not sincere. And one
(especially in France) more thing - stay away from
politics. Or create such a situation when the
state/politicians will be pressed by the law to fund the
institutions without having any right to interfere into
their program (or to the way they function).[2]

TO CHANGE THE WORLD! To propose a curatorial practice
that is - theoretical and methodological - as rich and
diverse as everyday life. That does not stop where art
stops but reflects upon the social and political
realities of society via an interdisciplinary and un-
hierarchical approach. Palais de Tokyo has to widen the
horizon and the awareness about the possibilities and
potentials of every single human being that comes in
contact with it.
It has to propose a revolution of the mind in order to
create a revolution of the present![3]

AN ART CENTER OF THE 21ST CENTURY should be devoted to
present and explain the work of living artists, giving
the necessary clues to make it apprehensible by the
society.[4]

ART SHOULD OPEN ITS DOORS TO STREET CULTURE, with
painters such as Futura 2000 and Lee Quinones.[5]

MUSEUMS SHOULD BE INVISIBLE. I like art works and
institutions that escape any physical presence. Things

---

[1] JENS HAANING, Artist. [2] NEDKO SOLAKOV, Artist. [3] JENS HOFFMANN, Curator and Writer.
[4] CARLOS URROZ, Galería Helga de Alvear, Madrid. [5] CLAUDE GRUNITZKY, Editor.

you can carry in your mind or in your pockets. It's not
a matter of laziness or frustration: maybe it's a form of
asceticism. With an imaginary museum you can do what ever
you want, you can think about it before falling asleep,
or you can go out in the morning and build it from
scratches. And if it doesn't work, there is nothing to
be ashamed of. You can always say that it was simply an
exercise in loss. In the end, I just think there is a
certain strength in being invisible.[1]

⚲ WHAT I EXPECT OF THE ART INSTITUTION IN THE 21ST
CENTURY:
1) Free admission to every art institution in the world.
2) Free food and drink in every art institution cafe in
the world.
3) Free access to an office with a telephone and internet
access in any art institution in the world (artist agrees
to restrict use to business hours).
4) Use of a conference room in any art institution in
the world (artist will give one day notice).
5) Free storage of my artwork in the institutions of
my choice.
6) Free photography, archiving and worldwide web services
related to my artwork.
7) My own web site that is connected to every art
institution in the world.
8) At least one major museum show every year that travels
to other museums. All archiving, shipping and storage
to be handled by the institution. The institution agrees
to publish a catalogue to accompany the exhibition.
The artist has final word on all decisions regarding the
installation and any decisions related to the exhibition.
Each institution pays the expenses for artist to be
present at installation and opening. Artist determines
whether or not they need to be present at any stage of
the exhibition process.
9) Before I die, a major museum to house my œuvre to be
built in the city of my choice. There will be one gallery
in the museum for rotating exhibitions that relate

[1] MAURIZIO CATTELAN, Artist.

to my work and life.
The museum will be opened a minimum of 300 days a year.[1]

EXHIBITIONS AND PROJECTS, conservation and past, current and future. I don't give a shit about new media, about hypes and power-structures. I don't expect to see the same western artists, from the same power-warehouses, as you can see everywhere. I don't expect to see fashion or lifestyle. I expect to see small glimpses of utopia. I expect a radical white cube. I expect to see a kindergarten and if there are discussions and panels, that the participating people are informed and prepared. I expect surprises.[2]

MORE INSTITUTE, LESS INSTITUTION.[3]

AN INSTITUTION SHOULD BE FLEXIBLE, with financial support that is independent of the authorities, be they political or economic, and open to outside artists and curators.[4]

AND WHAT IF THE INSTITUTION SIMPLY DISAPPEARED from the radar screen?[5]

I WOULD LIKE IT TO BE A PLACE where it is impossible to forget the sense of touch, especially since this age of computers and the Internet is increasingly depriving us of physical contact.[6]

IT'S IMPOSSIBLE TO FORESEE THE FUTURE of the art institution. To see the future supposes a position of observer. As a functioning subject, I see things this way: The art institution is the creative subject and the artist is only a collaborator. The "quality" that emerges from that relationship depends on the imagination of each member of the team.[7]

[1] MICHAEL SMITH, Artist. [2] JOHANNES KAHRS, Artist. [3] THOMAS DEMAND, Artist.
[4] KOO JEONG-A, Artist. [5] PASCALE MARTHINE TAYOU, Artist. [6] NOBUYOSHI ARAKI, Photographer.
[7] TATSUO MIYAJIMA, Artist.

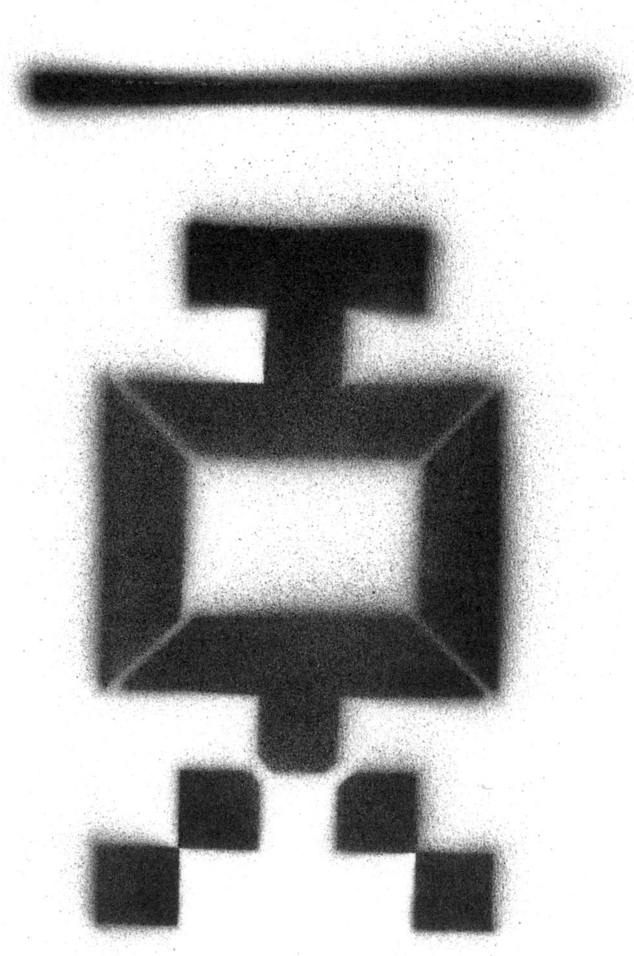

FRESH ART, CLEAN FLOORS, good lights, great parties, free food.[1]

ABANDON THE ARROGANT, RACIST ATTITUDES inherited from colonialism and adopt an open attitude to the visual arts of the entire world.
Free ourselves from the old categories so that we can be receptive to proposals from near and far, stimulating or ridiculous, which arouse the senses, excites the imagination and provokes an emotion.[1]

IT MUST GET INVOLVED, FOR CHRIST'S SAKE!!!
I'm fed up with contemporary art à la retrospective (François Morellet is not a young, up-and-coming artist). Courage is the one virtue that is most missing from institutions, subjected as they are to the "common sense" of a nonexistent political bravura. They ought to put an end to that duty "out of indebtedness" that reigns among civil-servant curators, who ought be called observers. Will this new century see the whims of wimpy sentiment finally stopped? Here's an example then: Today, Vivendi is becoming one of the first world-class players in the movie industry. What do we see on the big screen? The head of our national Johnny in a portable computer. So that's the dream? The future of cinema is the sandwich between two TV commercials? And what is the institution's lightning response? I'll give it to you. They're finally going to dust off [the cinephile and founder of the French cinémathèque] Henri Langlois's collection! Bravo!!![2]

AN INSTITUTION MUST REFLECT ITS ENVIRONMENT. That is its responsibility. Even in the 21st century.[3]

ON THE ONE HAND, it shouldn't be an institution. Nine-tenths of the contemporary art institutions (including the FNAC in France, the Metropolitan, the Tate) were designed and built in the 19th century. This gives rise to the fact that there is no end of making do with institutions that were conceived for something other than today's art. Walls are almost never adapted to what we

---

[1] JEAN-HUBERT MARTIN, Director general, Museum Kunst Palast, Düsseldorf.
[2] STÉPHANE MAUPIN, Architect. [3] DANIEL PFLUMM, Artist.

want to exhibit nowadays. At the same time, in terms of
museology, there has been no convincing architectural
project over the last few decades. Bilbao is a
spectacular failure. Nouvel is worse. The only thing that
will remain is a very personal, mad museum built around a
strong link between artists and curators. One can never
be radical enough in that area. So indulge your madness
as madly as possible. Above all, if you manage to create
that venue that all of us are praying for, a grand "hats
off" to you![1]

⚥ FAR FROM BEING THE STRAIGHTFORWARD APPLICATION of
previously acquired experience, institutional involvement
in the field of contemporary art requires a necessary
coefficient of audacity together with the taste for risk.
In these conditions, the proactive participation of the
institution-hand in hand with artists, and motivated by
the spirit of creative freedom-realizes its most powerful
expression.
To encourage this vital partnership, to fulfil these
passionate ideals in a truly professional spirit,
curatorial teams in Paris and in the regions must make
it their heartfelt goal to strive for the development
of living art on a daily basis, with full knowledge of
the complexity and demanding nature of this endeavor.[2]

⚥ I WOULD LIKE TO IMAGINE an institution in which artists
would want to show their work without the least
misgiving.
An administration that knows the expression "it's
possible." I would like to find true bricoleurs of genius
able to oversee the most ambitious projects. A greater
investment in means of production to help artistic work
along, more than simply structural costs.
A real concern for displaying artwork to advantage.
A security committee that is not overly meddlesome.
A technical department that treats the works with as much
respect before as after the exhibition. Group shows with
fewer artists exhibiting at one time. Often such events

[1] ROBERT FLECK, Director of the School of Fine Arts, Nantes. [2] CLAUDE CLOSKY, Artist.

contribute more to promoting the organizer at the expense of our understanding each artist adequately.
The exhibition should clearly mark a decisive step in the artist's career. Of course all that must seem like something that goes without saying, and yet in the 21st century… Finally, a word to the wise: if we complain too much, we shall regret their disappearance in the 21st century. And we need an institution that offers us the unexpected.[1]

IN AN AGE OF GLOBAL CULTURE, the institution is part of the general structure of communication according to its specialty and vocation.
It must be the most supple and the most effective operational vector of that communication. All bureaucratic burdens which tend to elude the law of transparency are phenomena that are both anachronistic and self-reductive. The institution manages an activity whose specificity must not impede the insertion of its message in the overall flow of information.
That implies a radical change in the psychology of the links between specialists and notably the general audience, who are directly concerned.[2]

I THINK THAT THE INSTITUTION IS A GOOD THING for the artist, for another reading of their work outside the art market, galleries, collections, foundations and so on.
The institution must develop and assume responsibility for works of sound, tactile and olfactive art, which do not necessarily come under a pictorial tradition, and utopias that are unrealized, censored, occasionally outlawed. Finally, to hope for strong emotions.[3]

I EXPECT AN ART INSTITUTION TO OFFER encouragement. Galleries tend to be conservative, being divided between multiple modes of expression and the filter of the market.
Thus, I learn a lot from exhibition curators, regardless

[1] EMMANUEL PERROTIN, Gallery director, Paris. [2] PIERRE RESTANY, Art historian and critic.
[3] ADEL ABDESSEMED, Artist.

of their cultural origin. Galleries, just as much as the institutions, must change. I hope they will give us the courage to transform ourselves on our own.[1]

A LITTLE TOUCH OF POETRY
PLENTY OF YOUNG MUSES
ICES
A MUSIC ROOM
A RETROSPECTIVE OF THE FILMS OF TOTO.[2]

THE ROLE OF AN INSTITUTION nowadays is to support artistic activity as best it can and to provide art with the means that will enable it to compete on an equal footing with two other cultural activities, cinema and music, which are emphasized because of the necessity of being commercially profitable.
The art experience must be presented in an attractive manner, without excluding either marketing or the media that are part of that approach: television, radio, the Internet, magazines, etc.
As Felix Gonzalez-Torres liked to say, one has to adopt the technique of the spy and appropriate the means employed by the enemy.[3]

FROM THOMAS BERNHARD, "Ancient Masters":
"Until noon the temperature of 18 degrees Celsius at the Museum of Ancient Art is the temperature that suits him, in the afternoon he feels better in the heat of the Ambassador, where there is a constant temperature of 23 degrees. Afternoons I no longer think as willingly or as intensely, says Reger, so I can allow myself the Ambassador."[4]

PERHAPS WE CAN EXPECT NOTHING FROM IT.[5]

THE DEFINITION of the institution alone sums up the paradoxes and contradictions that must be cleared up as quickly as possible in the Cartesian minds of the French

[1] HIDENORI OTA, Ota Fine Arts, Tokyo. [2] AIR DE PARIS, Art gallery, Paris.
[3] YAN CÉH, Artist and editor of Perso magazine. [4] ART CONCEPT, Art gallery, Paris.
[5] JOHN ARMLEDER, Artist.

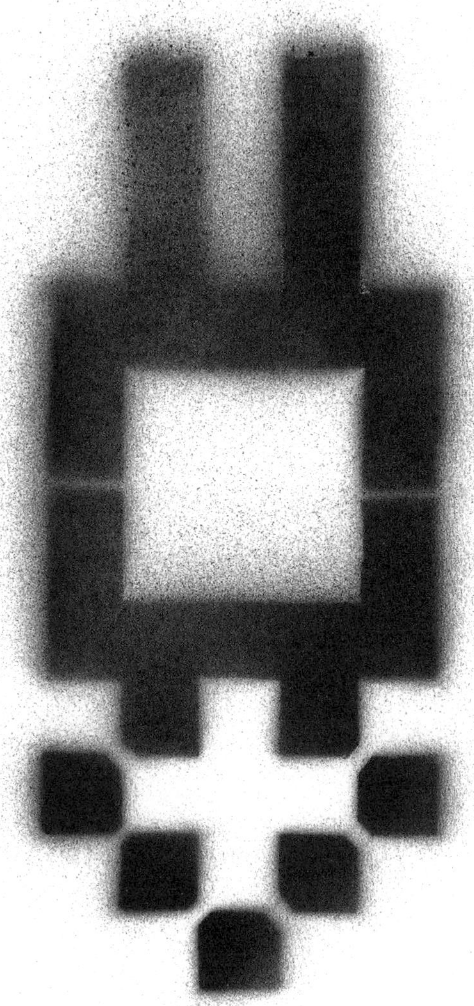

ḁ WE ARE LIVING THROUGH A BAROQUE AGE of contemporary art in which anything is possible, anybody can exhibit anything and therefore nothing is relevant or has any meaning any longer. This political and aesthetic indifference is the product of a general conservatism running all the way through the institution of art from the collectors and trustees down to the artists themselves. As the role and place of art in society dwindles even further, the institution responds by making itself even less necessary, using cute asides or meaningless jargon to replace self critical interrogation or redefining itself in relation to the changes issuing forth from an information explosion. We need less homogeneity and more difference, the articulation of positions rather than the deferment of responsibility in favour of the marketplace. Less directors – more direction!!![1]

[1] KENDELL GEERS, Artist.

people, especially the minds of our dear politicians,
male and female, with their demagogic talk about cultural
exceptions.[1]

☆ AGAIN THIS YEAR, I have seen and/or taken part in
exhibitions:
- of young artists (after all, the public never tires
of discovering them!)
- of French artists abroad or foreign artists in France
(artists from somewhere in general)
- that were promotional (preferably with bigtime
sponsors-they're so rare in France that everyone's
in a rush to get in!)
- with moronic themes which artists become mere
illustrators of
- held in atypical venues (under bridges,
in supermarkets…)
- boasting a thematico-technical approach
(new media, video, etc.)
- that were seasonal (for the summer, Christmas…)
or designed so that artists create social ties where
politicians no longer know what to do.
The list is long… I expect an institution to support
proposals that are more complex and constructive.[2]

☆ ONE EXPECTS an institution in the 21st century to
exhibit our artists.[3]

☆ TO BE SENSITIVE TO CULTURAL TRANSFORMATIONS, openness,
flexibility, to adapt to new approaches while remaining
conscious of the history of art that has already
been experienced and consequently the standards of
excellence that make the difference between "art" and
"attempt."[4]

☆ I WOULD LIKE an art institution of the 21st century
to develop new ties with the public.[5]

---

[1] JÉROME DE NOIRMONT, Gallery director, Paris. [2] MATHIEU MERCIER, Artist.
[3] GEORGES-PHILIPPE VALLOIS, Gallery director, Paris. [4] JENNIFER FLAY, Gallery director,
Paris. [5] JEAN BLAISE, Director of Lieu Unique, Nantes.

※ I EXPECT AN ART INSTITUTION TO RENDER THE ART more interesting than the institution.[1]

※ BEING A PART OF THE PUBLIC INVOLVED with art institutions, I expect such an entity to fulfil its innate functions, to teach, to present works of art and to conserve when that is needed, while evolving with the times.
Besides these fundamental qualities, it seems to me that the expression "art institution" bears with it an interesting contradiction that is inherent in the juxtaposition of the two terms making it up, a source of questions and certainly answers that remain to be discovered, as I see it. To be artistic without institutionalizing everything while remaining an institution-in the 21st century. I appreciate an art institution that considers, while in the process of evolving, its identity, even its aura, linked to its independence with respect to both temporal contingencies (the market…) and the personality, the legibility of its directors' way of thinking.
It is possible to imagine that an art institution today, while amounting to an institution thanks to the quality of its space, logistics and program, would more clearly make use of the energy of each of its audiences, from collaboration to communication.
Ideally, this institution would be moderately sized and would mount together shows that have different scales and running times; people should have both the desire and the chance to visit with a certain regularity, and the institution should be designed so that a certain peace reigns throughout and visitors can get together beyond the exhibition galleries, in places that suggest neither the basic cafeteria nor the fashionable café, and which are timeless-like the institution.[2]

Ŷ I WOULD HOPE that the institution takes a clear position, without trifling "concessions" vis-à-vis the reality that surrounds art. That it doesn't cave in at

---

[1] JEAN-MAX COLARD, Les Inrockuptibles. [2] ALMINE RECH, Gallery director, Paris.

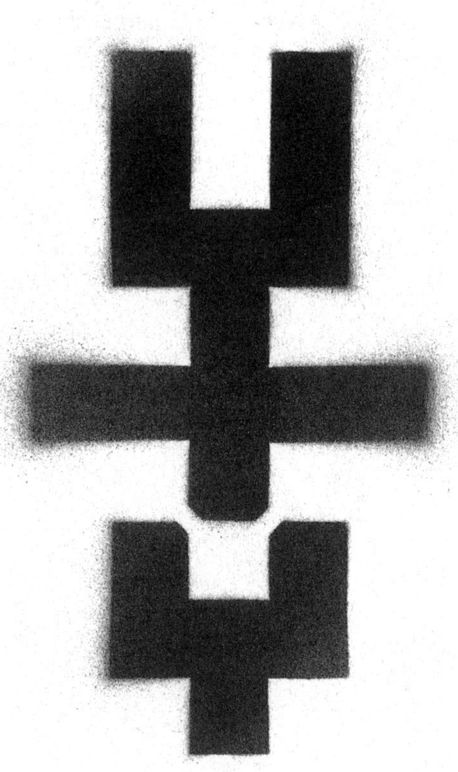

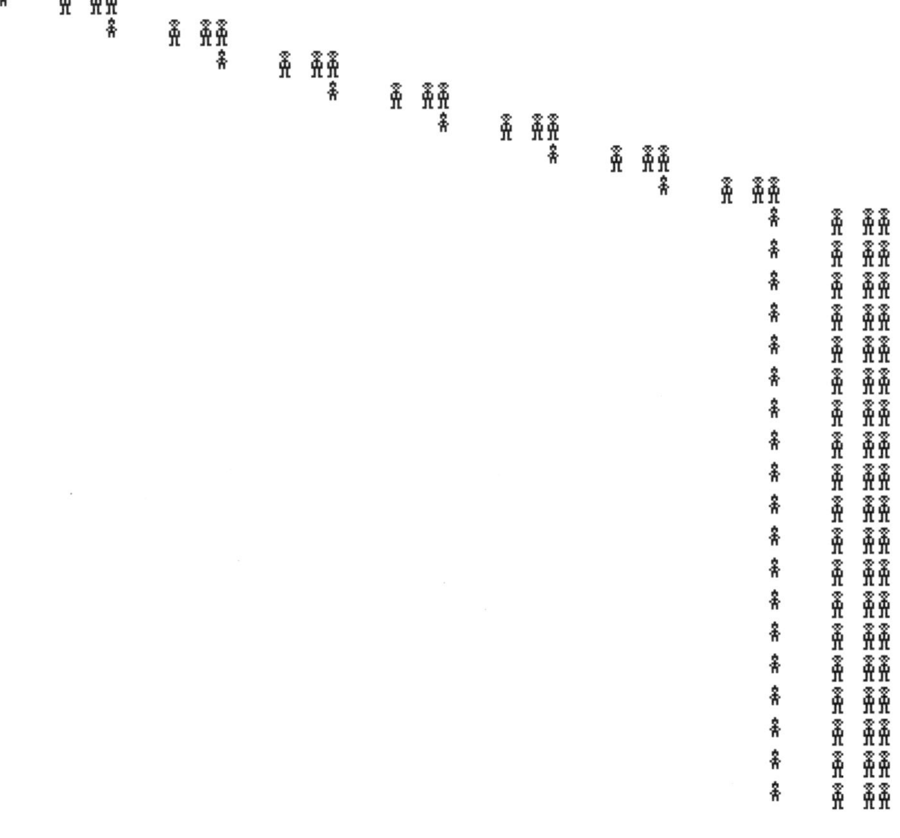 OF COURSE I THINK IT SHOULD BE flexible and open to the public on weird hours (at night), the should be parties, concerts and for people like me (that do not have a flat with a shower) there should be access to sauna, hot-top and bubble bath. Lots of books and funny editions. Open storage. Open freely.
For putting up shows there should be a good workshop and people who works there should knows where is what. Sounds simple but it's not always like this. There should of course be flexible installation hours. The artists should have the keys. Beer and food + multi-coloured drinks to the working people.[1]

[1] JACOB FABRICIUS, Curator.

the first attack by politicians or financial backers,
that it knows how to run the risk of accepting empty
space and time, non-productivity, the non-big event. That
it is not limited to being a simple player, a provider of
lists of names, criteria for qualification or
disqualification of art.[1]

✻ SHOULDN'T THE ART INSTITUTIONS of the 21st century
become what churches were in the Middle Ages, namely, a
place to meet and to enjoy one another's company where
life continued while the mass was celebrated?
They are the last refuge of an evolving art which, in
most cases, is banished from the city, public buildings
and industrial enterprises.
But in order for art to deeply touch its faithful
followers, the "museum" must be sober, simple and free,
and emphasize what people come to venerate there, an
anti-Bilbao.[2]

✻ WHAT I EXPECT? Good room service.[3]

✻ AS A DESIGNER AND IN TERMS OF THE INDIVIDUAL, I find
that the important thing in an art institution's approach
is that it can ease our access to ideas developed by the
art world, i.e., artists, critics, collectors, curators,
etc. I hope that the institution would enable me to
understand how they've worked, get into their
preoccupations, share their reflections, in order to fuel
my own concerns with clothing's most functional form and
help those interests progress. I also hope that the art
institution of the 21st century is not only a venue for
display but also, like the workshop or the laboratory, a
place for sharing, shaping, bringing to light: above all
for "bringing to life."[4]

✻ I EXPECT AN ART CENTER TO TRULY HAVE AN EXPERIMENTAL
CHARACTER. It has to be able to propose ambitious
projects with works of art that can go beyond a certain

[1] STÉPHANIE MOISDON-TREMBLEY, Independent curator and art critic. [2] GILLES FUCHS, Collector.
[3] ÉRIC TRONCY, Co-director, Le Consortium, Dijon. [4] PASCAL GAUTRAND, Designer.

economic circuit. Yet it musn't be a museum. It must translate its day and age, even be avant-garde.[1]

☝ IN TERMS OF JAPAN, an art institution must turn to society, a society that is indifferent to contemporary art, which is perceived as being "difficult to understand." I would like to see opportunities for communication develop among art institutions, through conferences and workshops with people not only from the art milieu but other fields as well.[2]

☝ FRENCH CULTURAL INSTITUTIONS, as we know them today, are both the culmination of past experiences, and a more or less faithful reflection of the nation's preoccupations. Yet it seems that a gap continues to deepen and widen of itself between the aspirations and desires of the present generation and these institutions, whose way of functioning was a response to the conception of art that ran throughout the 20th century. A new institution must therefore be a venue that responds to the changes imposed by an era of new technologies, remain open evenings, be more than a place one passes through; rather, it must be a place where an emotional, sensitive link with art is possible, a convivial, welcoming place that must embrace a human scale, a place that must combat the image of contemporary art that is widespread in France by immediately creating ties with other foreign institutions and bringing to light the ties with that which forms its basis and critique (anthropology, ethnology, social science, philosophy, literature, etc.), a place that springs in part from a private desire, not entirely from one promoted by the state, a place that is like a center for research and reflection that should measure the impact that the new technologies are having on trends in thought, social behaviors, the economy, and, why not, reflect on the theory of quantum physics as applied to capitalism, a place for the counter culture, the culture that is fashioning new mythologies, yet a place that can welcome all contemporary forms of cultural

[1] NICOLE TRAN BA VANG, Artist. [2] MIWA YANAGI, Artist.

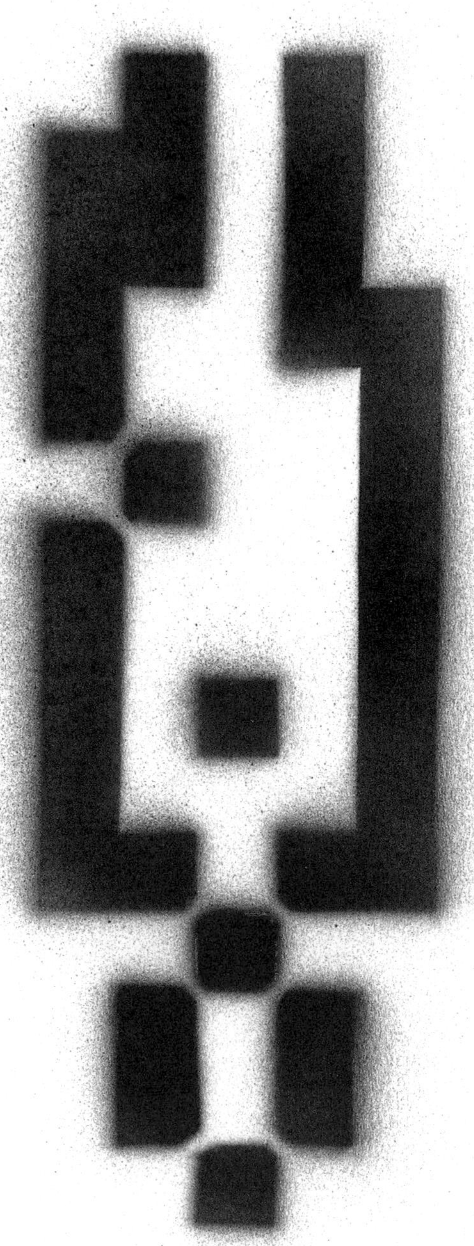

CHEAP, FAST and out of control.[1]

---

[1] KURIMANZUTTO, Galería Kurimanzutto, Mexico City.

expression, from the techno party to organizing trips,
a place that must be the antithesis of the urge to
categorize that forms the basis of the creation of
cultural institutions, a place that is able to lose what
it gives, an institution where the living is easy and
which will know what the future is in the eyes of the
generation hungering for it (a new perspective).[1]

I WOULD LIKE TO SEE both the public and the private art
sectors, especially galleries and institutions, working
together more towards a common goal, that is, promoting
artists living in France especially by enabling them to
produce works on an important scale. Only the institution
can offer artists access to a broader audience.
The institution can also give rise to projects that are
free of any and all market-related constraints. That
means, moreover, that the ties between the public and the
private have to be redefined and that each of us no doubt
must do a little soul searching.[2]

WHAT WE WANT from such an institution is a space
for freedom, surprises, encounters and love.[3]

I WANT AN ART VENUE ON THE THRESHOLD of the 21st
century to shake me up, inside and out, softly and
strongly. That venue, moreover, must not forget the past
century while already thinking about the next.[4]

I EXPECT MUSIC THAT CHALLENGES ALL CURRENT POP and
chart merde that we hear everyday, I expect film of high
quality that has been passed over by the big
studio/distributors - i.e. I want to know that I will
see something challenging, not just a movie that has an
Indie tag. I want to be surprised and I want to be
questioned on the art side - I guess its modern by the
very feel of your description below - which therefore
means the criteria above apply. If it's possible to get
all 3 together than even better.[5]

---

[1] MARINE HUGONNIER, Artist. [2] PHILIPPE JOUSSE, Gallery director, Paris.
[3] PIERRE ET GILLES, Artists. [4] PHILIPPE LAUGIER, Artists' agent and director of the Sound
of Barclay label. [5] DAVID WILLE, Head of International, London Records.

✳ I WANT TO SEE A PLACE THAT DOESN'T TAKE PEOPLE FOR COMPLETE MORONS by exhibiting so-called contemporary artists with works in the shape of pills. Unless someone explains to me what that's all about. I look to such a place to be a true artistic selection that doesn't fall into hype or fashion, like the Louise Weiss street Galleries, for example. I also expect work in depth that leads me to discover people and their art. I want modernity, but not a stupid sort.[1]

✳ A PLACE TO GIVE A REGULAR IDEA of contemporary trends in painting, the moving image (short films, animation, web design, music video), sculpture, music etc. Not too many installations or video art. Above all, a place to organize thematic panels and forums open to the public and in some cases to professionals, so that the venue is also a meeting place and center of activity for artists, creators and producers in the broad sense of the term. It must be a dynamic, creative venue and not only a place for passive consumption. Form a federation. Think of the School of Paris and what a venue like the Palais de Tokyo could have done for legitimizing in a clear way all artists. Making available competitions and grants, etc. Put together for yourselves a network of producers-patrons-gallery owners who will finance certain operations. Bring them together as an advisory board.[2]

✳ IN A VENUE LIKE YOURS, they have to stop mounting shitty exhibitions that nobody's interested in! Three-quarters of the shows in Paris are rubbish, there is unfortunately only one standard that holds in making a selection: be a whore or grease palms, suck cock… Sorry about the vulgarity but that's the reality of exhibition venues in Paris.[3]

✳ THE INSTITUTION OUGHT TO GET ITSELF HITCHED UP with the Aquaplanning festival, in order to pick up double quick an image that's real trendy, friendly and all that.[4]

---

[1] RACHELE BEVILACQUA, Journalist. [2] GEORGES BERMANN, Producer, CEO of the production company Partizan Midi Minuit. [3] SEB JANIAK, Director of music videos. [4] ARMAND THOMASSIAN, Art director, organizer of the Electronique Aquaplanning Festival in Hyères.

⚲ I WOULD HOPE that such an institution would make
me curious enough to come and visit; in a world where
the image is sometimes too much with us once we've
made the trip, I would hope that the venue inspires
me enough so that on the way home, my head is teeming
with ideas and new inspiration, with future projects
of all kinds.
Such an institution should amaze and surprise me by
giving me a glimpse of a future whose art is already
"established," but above all let it be a place that
overlooks art discourse a little, which is sometimes too
intellectual, in order to concentrate on feeling. [1]

⚲ THAT VENUE SHOULD MAKE US DREAM; it should be a place
where all cultures and all arts run into one another.
Traditional arts as well as street art, new technologies…
the venue should make young people want to visit
museums! [2]

⚲ WE NEED MUSIC AND ART!!! Things have got to move! With
local skaters!!! [3]

⚲ I WOULD SAY:
- an intelligent pedagogic approach that would combat
the "exclusionary" image of contemporary art today;
- programming that is open to the world (and not too
Parisian, please!);
- a platform dedicated to all means of expression and
a space for fun events (good parties! parades! concerts!
performances!);
- a GOOD squat-restaurant-café-bookstore-chill out
for "business" lunches and the après-exhibitions with
the girls (that's very very important!);
- a place where journalists want to come not only for
show openings (oh yeah!)
Anyway you have a superb space and I am sure that
this new Parisian project will not be a disappointment!
Good luck for the future! [4]

[1] MATHILDE JOUANNET, Director of music videos and commercials. [2] MAYA MASSEBOEUF,
Art director and art agent. [3] KARIM ECH-CHORYBY, Manager, marketing and joint venturing,
Technikart magazine. [4] AURORE LEBLANC, Radio FG journalist.

SENSITIVITY, IMPROBABILITY and especially no pretentiousness or woolly concepts…[1]

MY WISH FOR A MUSEUM of the 21st century: a "living" museum where something is going on, art happenings, and the venue becomes a crossroads that opens onto life!!! Now it's your turn![2]

A PRETTY LOGO.

[3]

SOME SINCERITY.[4]

ARTOPIA

To be seen is to be ignored. Unless you're a buxom internet pin-up or a highway car crash – and even then – images quickly fall into the dungheapof cultural refuse. With ideas trading for a dime a dozen, pictures of ideas (installations, photographs, paintings, sculptures) going for less, where would you "collect," for want of a better word, "art?"

Art for most people is an outrageous price paid for a rotting oil on canvas "masterpiece" or some completely incomprehensible assemblage of electronics, detritus and idiosyncratic labeling. Or better yet, an "action" of absurd dimensions. Where would you put that? In a magazine? An ideal place for this nonsense? How about a hard drive.

If you are stuck on the idea of the museum, first ask: What good are they? Most people spend less than 0.3 seconds looking at anything, and prefer instead to study postcards or the menu in the museum café. When artists regularly mine the gutter for collisions of culture and consciousness which end up dusted off and expensively

[1] GUILLAUME SORGE, Journalist. [2] JEAN-FRANÇOIS GUYOT, Agence France Presse.
[3] YORGO, Art director and graphic artist. [4] SARAH, Art director, Colette.

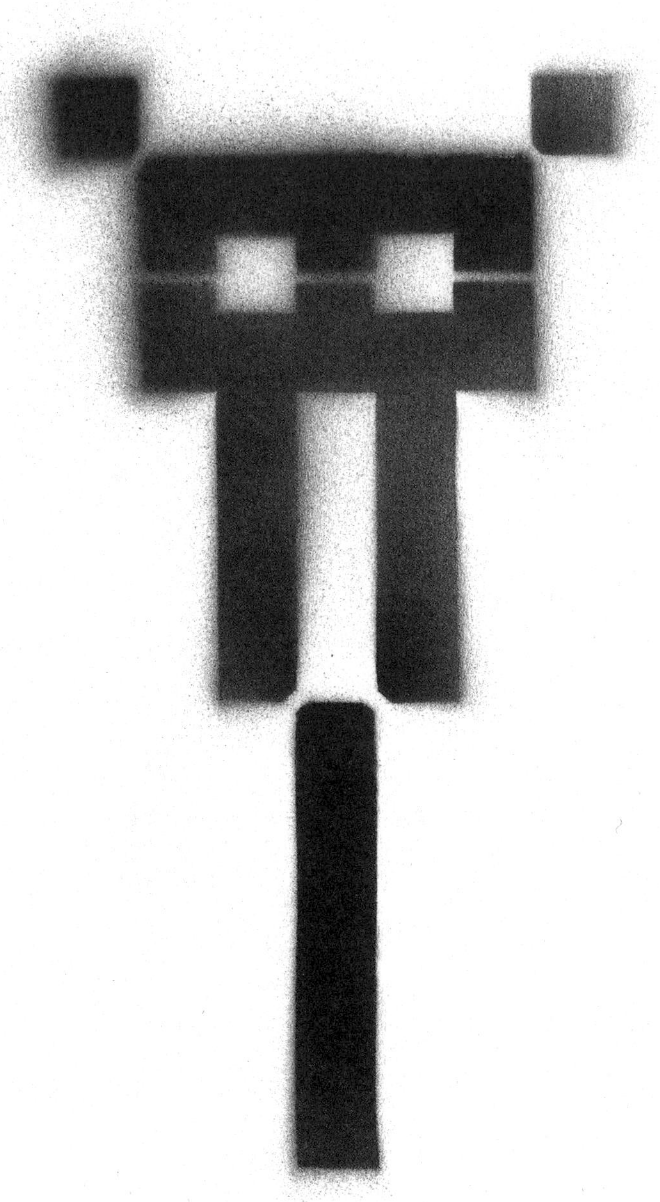

⚥ I EXPECT AN ART INSTITUTION of the 21st century to be flexible, forthright, democratic, multicultural, contradictory and adventurous. Splendid when it has the money to be and heroic when it does not. Star gazing, model making and team playing with its feet on the ground and its heart in the right place. I expect it to love artists, enjoy audiences, tolerate smoking and stay open late.[1]

[1] DAVID THORP, Curator, Contemporary Projects, The Henry Moore Foundation, Leeds.

framed, one might as well idealize the dirty street as cultural center. There, you can read into mysterious sidewalk cracks, the reactionary and confusing graffiti or the piles of dog poo for the meaning of cultural life. No? I think not.
Big money clearly wants airy and cool spaces in which to sanitize corporate profits made from the death business of overpriced AIDs drugs, gas guzzling pollution mobiles and thunderous plumes of cigarette smoke. They want this ideal space to celebrate the latest one-hit wonder of the art world or its historical clowns who in their youths were reviled as hopeless do nothings by those that now actively promote them. As an artist, sure I want that. Sign me up! And if you can get me a room of my own, I'll bring my wolf and blanket and we can talk about breakfast in America.[1]

---

§ DID I TELL YOU THAT MR. SZEEMANN, chief curator of the last two Venice Biennales, wants me to be his escort and his angel during the opening days of the 49th Venice Biennale? I have been officially invited for such a crazy project. I've exhibited unofficially during the last two Biennales. In 1997: "Would You Digitalize Your Soul?" and in 1999: "I want you to ask your government's responsibility for the consequences of bombing Yugoslavia". So, very serious concepts. And this year? You see? Isn't it crazy?! Now, I need somebody to read all my texts; to help me to fill in the registration and loan forms; find proper elegant refined dresses, the necessary cosmetics; find money for my trip, and arrange my accommodations… I would love to collaborate with an art institution that would solve my entire project requirements and support me in any sense with my live art projects.[2]

---

§ I MUST SAY that I have just as many expectations from an art institution as from artists, curators, etc. I will try to fit these within some words: flexibility; context accountability and responsibility; community building;

---

[1] MATTHEW ROSE, Artist and writer. [2] TANJA OSTOJIC, Artist.

fun and vision; clean and free but stable while willing
to take risks; paying attention to local, global and
GLOCAL issues and developments; user-friendly; open to
all age, generation, media, audience, artists, critique…
The list could go on… In one word – institution that
should first and foremost be critical of its own
institutional status.[1]

♂ THE MBARI MBAYO CLUB, founded in Ibadan, Nigeria
in 1961, provides as good a model as any for an art
institution of the 21st century. A community based
organisation providing a meeting place for intellectuals,
market traders, hunters, chiefs, kings, school children,
farmers, politicians and the unemployed. An institution
described by Chinua Achebe as "a theatre in which to do
battle."[2]

♀ AN ART INSTITUTION OF THIS CENTURY should deal with art
within a few parallel levels: it should preserve art's
independence while simultaneously connecting it with all
aspects of social activity. It should take care of both
artists' and audience's needs and provide challenging
forms of presentation to help make contemporary art more
popular, not populistic. The institutions should express
a certain responsibility to the values of the times past
and to the cutting-edge art as well.[3]

STALKER IS A GROUP that makes researches and actions
on the territory, with particular attention to the
marginal areas and urban voids, and to the spaces created
from human relations out of institutional controls. After
a short dialogue we have asked to our friend Francesco
Petrella (a technician of lights who worked with us in
Tunis on the "flying carpet") to answer. He is not used
to think to these themes, so he made some other
questions:
Every day for me it's possible to have a lot of
information about things that I don't care from mass-

---

[1] LUCHEZAR BOYADJIEV, Artist. [2] ROB TUFNELL, Assistant Curator, Dundee Contemporary Arts
Centre, Dundee. [3] NENAD ANDRIC, Artist.

media. Could someone (an Art Institution, as you say) make art works diffused as the mass-media are able to do with their messages?… and then: Because of my work I've known a lot of artists. Most of them care a lot about the world and to its future. Why their ideas are not used to get a best living? Why don't we use them to organize parts of our society and institutions? Last: I think that a lot of artists fight to remain free from business influences. How can an art institution help them in this battle for their freedom?[1]

♛ IT SHOULD BE THE OPPOSITE of an institution.[2]

♟ MY EXPECTATIONS from an art institution in the 21st century are: for them to deal more with questions of an artists creativity and commerce; the artist as spectator, strategist, resource manager, freelance researcher, service provider and creator of proposals. Artists are increasingly becoming "culturepreneurs", while big corporations look to artists for creative solutions and fresh perspectives. This is an exciting crossover development which clearly defines Art as a serious business.[3]

♝ CONCENTRATIONS OF POWER characterize our society. Concentrations of power force persons to concentrate on participating in competition and power games, in order to create a social position for themselves. Concurrently with the concentrations of power dominating our conscious mind and being decisive to our situations, the significance of our fellow humans diminishes. And our own significance becomes the significance we have for concentrations of power, the growth of concentrations of power, and the conflicts of concentrations of power. It is clear that also the art institution is a concentration of power. Persons working in relation to the art institution should be consciously aware of the rights of persons, and must therefore seek to organize the smallest

---

[1] STALKER, Artists. [2] HEDI SLIMANE, Chief designer for men's wear at Dior.
[3] DANIEL CROWE, Editor.

concentrations of power possible. This would do away with
the art institution, and create the possibility that art
can become a part of persons' everyday
behaviour and life.[1]

‡ EVERYTHING.[2]

‡ TO SEE BEAUTIFUL ART WORKS, as many as possible. A
simple and dynamic situation devoted not to celebrate but
to explore the ultra wide complexity of art creations.[3]

‡ HERE IS WHAT WE EXPECT from an art institution in the
21st century! (apart from helicopters with free fuel
for every artist and a space-lab for residencies).
It should present contemporary art/culture. It should be
a platform for artists of different fields and also a
house for the people in that city to see international
contemporary art, and to meet the artists in exhibitions,
lectures, concerts and so. It should offer the
opportunity to develop projects together with the
artists. It should be part of an international network,
but not loose the local touch. A vivid place,
a "now"-place.[4]

‡ I WOULD EXPECT AN ART INSTITUTION of the 21st century,
no matter what the scale of operation and using whatever
means necessary, to explore the idea that art and artists
are products of social environments, that the figure of
the artist is connected to the ground of society. The
institution should create opportunities for various
stakeholders – artists and non-artists – to negotiate
meaning in art and in so doing contribute to new
histories of the world.[5]

‡ AN ART INSTITUTION OF THE 21ST CENTURY should be a
place to service the artists. A place where the curators
bring artists together and are not there for themselves
but for art and artists… Until now a lot of art

[1] N55, Artists. [2] MEHDI CHOUAKRI, Galerie Mehdi Chouakri, Berlin. [3] MARIO AIRO, Artist.
[4] NINA FISCHER AND MAROAN EL SANI, Artists and Filmmakers. [5] DECLAN MC GONAGLE, Director,
Irish Museum of Modern Art, Dublin.

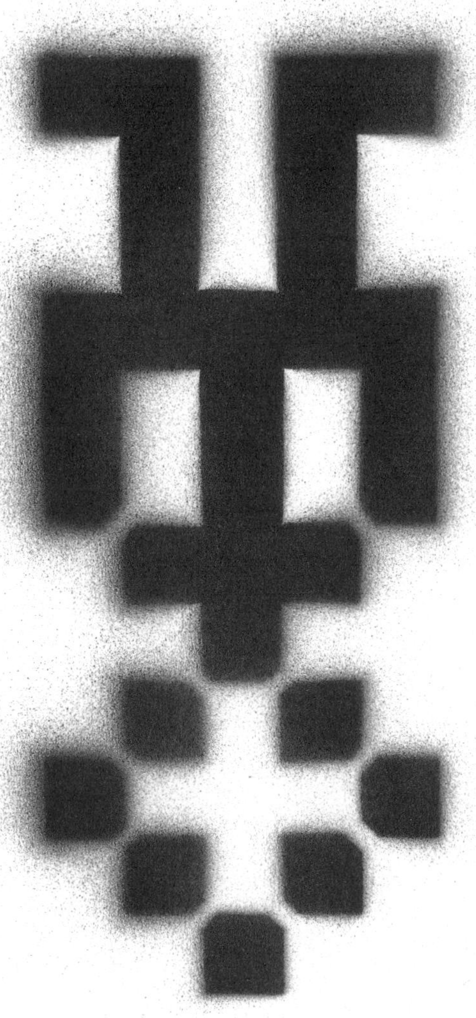

I EXPECT TO FALL IN LOVE.[1]

---

[1] JAY JAY JOHANSON, Musician.

institution are making things possible for the
institutions but not always for the artists, the artists
are there to decorate the spaces. A 21st century art
institution should be more and very generous to the
artist!!
And most important — taken from "the Blue Dogma" —:
Art is not about effect, it's about affect.[1]

♟ AN INSTITUTION PRESENTING CONTEMPORARY ART should work
with artists to engage the public in a dialogue to help
them to understand contemporary life in all its various
manifestations from the spiritual to the material. The
role of the institution is to share, to educate and to
experiment.[2]

♟ IT SHOULD BE THE LESS institution and the more net as
possible: the host of an ever changing network of people
around the world who work with different media on maybe
very specific regional problems that often hide very
general questions. A focus should be on technology and
social structures.[3]

♟♟ AN ART INSTITUTION MUST ALLOW experimentation, hence
must take certain risks (artistic, ethnic, financial,
ethical, political…). It must be a place where research
can thrive by providing artists support; they in turn
must be the center of the institution's interest and
attention. In that respect, curators (and/or the
directors of this institution) bear enormous
responsibility: they must be discoverers of talent,
calculating, enlightened, critical, open minded, and of
course subjective. In a word, this art institution will
be indian rather than cowboy![4]

♟ RATHER THAN an institution, it should be a space that
is permanently under construction, where one can stroll,
discuss, solve the world's problems. A place that tickles
the imagination and the intellect and enchants the

---

[1] GIJS STORK, Director, Artimo Foundation, Amsterdam. [2] JEREMY LEWISON, Director of
Collections, Tate Gallery, London. [3] ATILANO GONZALEZ, Label manager, WMF Records, Berlin.
[4] LOUIS PAILLARD AND ANNE FRANÇOISE JUMEAU, Architects.

senses: breathe, look, listen, drink, eat, dance, entice
and laze.[1]

⚹⚲ SHOULD BE A TRAVEL AGENCY.[2]

⚹ WHATEVER THE CONCEPTION for an art institution of the
21st century that is decided upon, different intentions
for its use appear all the same. How the institution will
be put to use can hardly be foreseen and always
corresponds to the user's own mindset. Even if
statistical studies can delimit the core of that use,
they will never manage to anticipate all its different
modalities. It is impossible to fathom all the
motivations that may drive the users of an art
institution. Indeed, each conception engenders an
incalculable number of actual practices in using the
institution which always attempt to reappropriate the
organized space and time.[3]

⚧ FOR AN ART INSTITUTION in the 21st century, I would
hope that it resembles a second world which one enters
and leaves with a click of the mouse. The entrance to the
palais isn't only through a physical door; thanks to our
index or by merely pressing the mouse, we can enter a
postminimal palais with zones that hot or cold, somber or
filled with light, full of images on a plasma screens and
without images, only ideas with symbols and pictograms.
Once inside, this world should be pluridisciplinary,
playful as in a video game, this second world should
allow the discovery of new experiences of reality
(mobility, perception, life experience, sensation).
In addition, this venue should be geographic, but
especially on another planet. It should select a time
zone that suits several continents but makes no reference
to any of the real world's time zones. This world should
be akin to the game EVERQUEST. It should be a place for
chats and chance encounters.
This venue should bring together the "friends" of the

---

[1] FLORENCE MULLER, Fashion historian. [2] DOMINIQUE GONZALEZ-FOERSTER, Artist.
[3] KOBE MATTHYS, Artist.

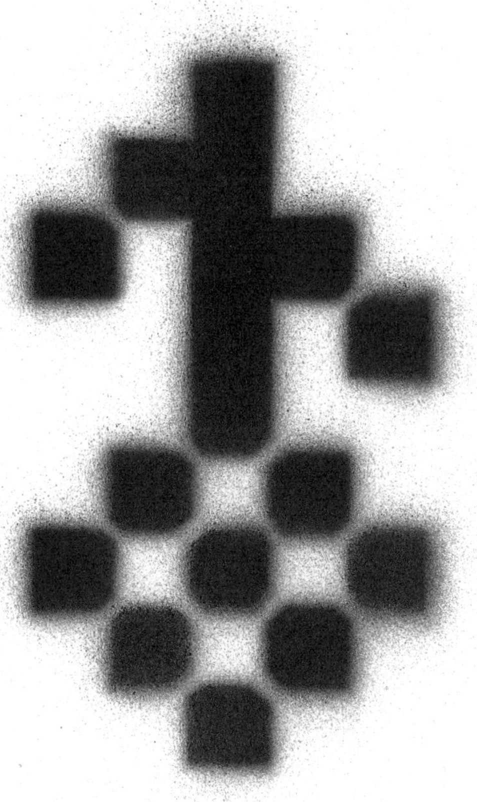

THIS SHOULD BE A PLACE WHERE
Art from the past evokes…
Art from the present provokes…
And both inspire.[1]

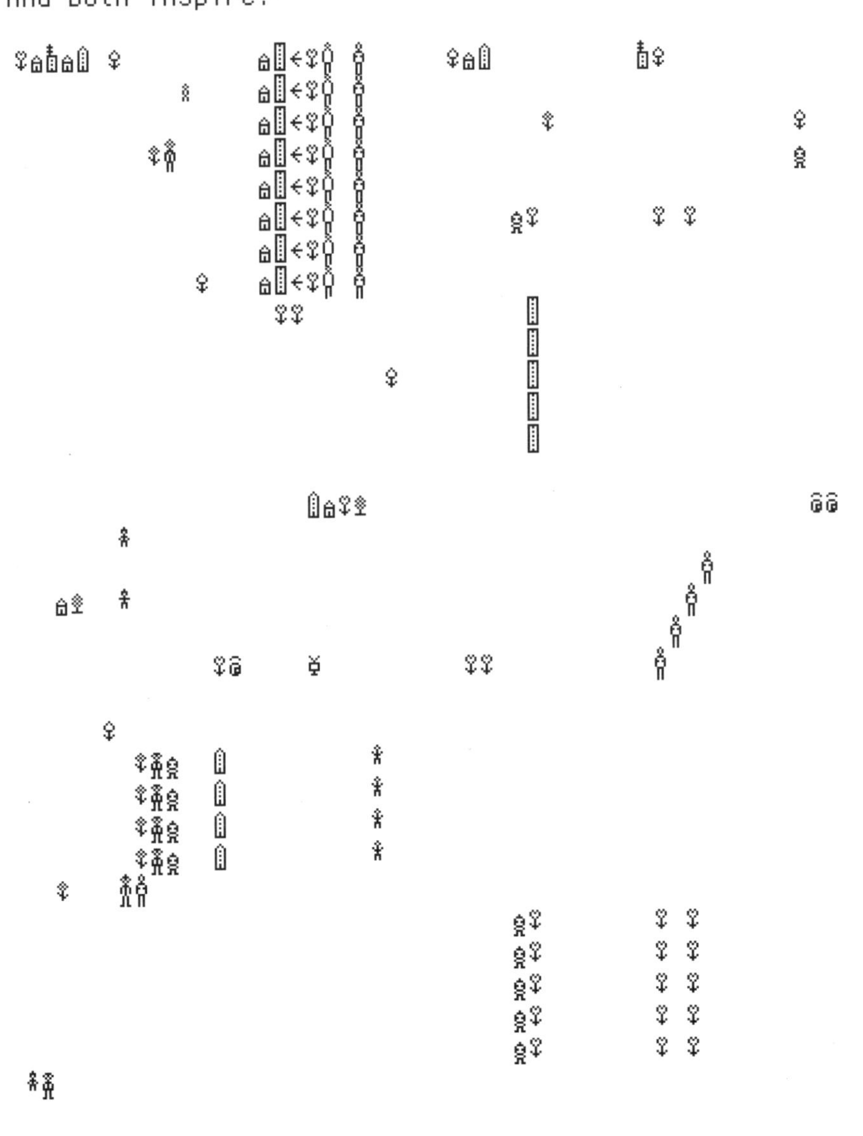

Palais de Tokyo; this group will work like a private club with members. I would like to be able to sit down in private salons that occasionally turn public. In this way, several clans and groups might choose their family from the range of possibilities.
Concrete tips:
The venue should subtly put contemporary artists in touch with large businesses in order to make fine works of art possible.
The venue should have the capacity to organize LANs or regrouping of abilities everywhere on the Net or in the international art circuit.
The venue should open new horizons in the creation of artwork in Paris's public space.
The private sector should take part in task forces.
The venue should give the generation of artists who are now 30-40 years old the chance to mount significant exhibitions of real quality.
Examples: Sylvie Fleury, Angela Bulloch, Liam Gillick, Carsten Holler, Murakami, Olaf Breuning, Jorge Pardo…
This venue should exhibit works in an original way from floor to ceiling, artists should explore the site.
So many things remain to be said.[1]

⚐ EXIST.[2]

⚐ A REPRESENTATION OF THE CURRENT TRANSVERSALITY of all arts and generations.
A bridge between the past, memory and the current cultural landscape. Along with or in the wake of the representation of certain artists, there should be group discussions, unexpected associations and projects by different artists.
Obvious things that people forget to do. Some are like well-loved films that aren't reshown often enough.
Example: a greater visibility for Gotscho seems to me obvious yet rather unexpected in the end.
"Palais de Tokyo" works of art.[3]

---

[1] LAURENCE DREYFUS, Independent curator. [2] HERVÉ MIKAELOFF, Curator, Caisse des Dépôts et Consignations, Paris. [3] GASPARD YURKIEVITCH, Designer.

✻ AN ART INSTITUTION in the 21st century must be of extremely broad scope in terms of access and diffusion, for artists of every nationality. So that "art" can be a greater part of our everyday lives.[1]

☖ I WOULD LIKE TO SEE such an institution avoid being corporate and above all being monopolized by the art lobby. I would want art that is welcomed into such a venue to effect every sort of sensibility and exalt the nobility of the human spirit. Finally, I would like such an entity to serve as a vehicle for "Art" as a manifestation of the hope of mankind, which went astray, it must be said, at some point in the second half of the last century (one need only have visited the last few exhibitions of Venice's Biennale).[2]

☖ …OUGHT TO AFFIRM A DYNAMIC CONCEPTION of the experience that exists in a relationship in which through art we hope to understand the meaning of life; the "new" institution should reveal this by seeking in art a differentiating mimesis, favoring gestures and behaviors with respect to their significance, and will thus respond to the question of reciprocal ties between various cultures (which is making its importance felt with real urgency), legitimizing the possibilities of all encounters and links.[3]

☖ TO BE ABLE TO WORK WITH SUCH AN INSTITUTION, i.e., its frameworks should stop being perpetually out-of-date by the mere fact of existing before the work; they must be reinvented with each project. Not an institution then that frames the artistic but the artistic that invents the institution it needs. The institution seen as a work of art.[4]

✻ I WANT A STRONG INSTITUTION, which is able to act for the sake of art. An institution with a strategy, a concept and self-confidence skilled to take in the

---

[1] YAZBUKEY, Accessory designer. [2] SANDRA MONARCHA, Architect. [3] DRAGHIZA CAKIC SOSKIJ, Art critic, Rome. [4] EMMANUELLE HUYNH, Artist.

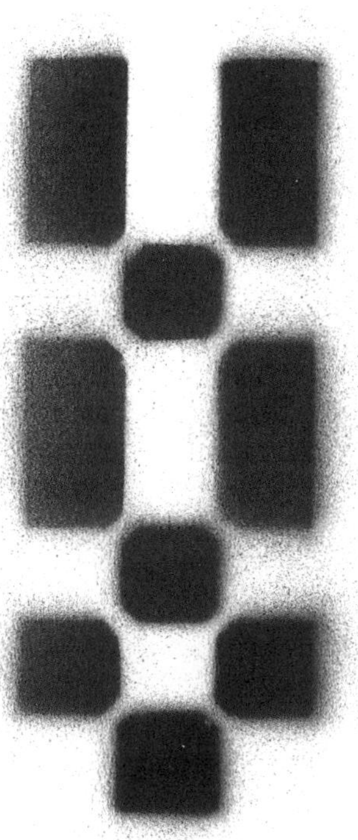

REFUSE THE OPTIONS of becoming a monument or entrecroisement centre. Remain flexible, independent, take risks, be accessible to artists, act as resource center and educate. Passionately support artists (and curators) in their intention to act with freedom. Pay artists, provide best possible infrastructure support. Protect the work and the right of the artists. Maintain shifting spaces for multiple discourses. Take a position against titillation and propaganda, in all its forms.[1]

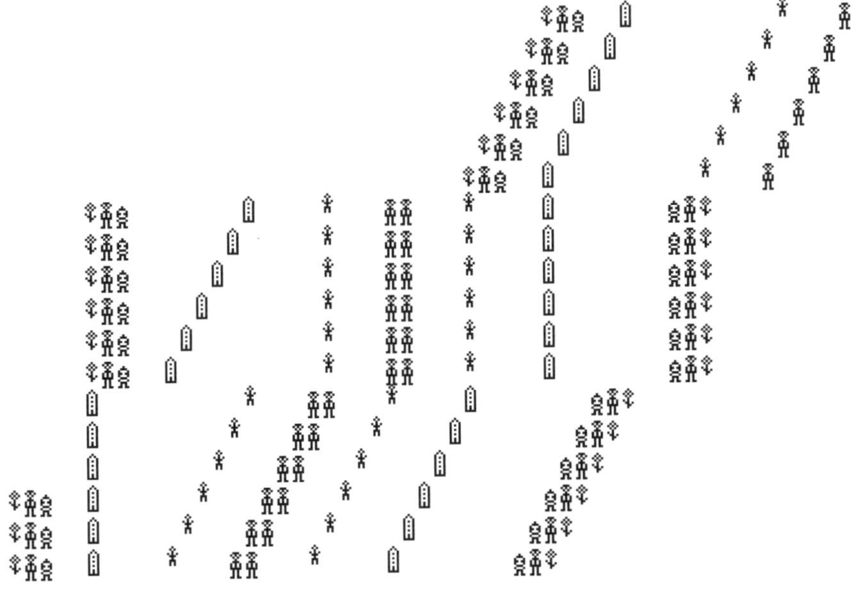

---

[1] MARK THEMANN, Artist.

position between artists, sponsors and the public. Aware
of their arms and treasures and not behaving like a
pinball of short run political and economical interests.
Something intelligent and flexible which is able to be at
the very moment five minutes before the commercials
arrive instead of always being five minutes late and only
affirming it. And I want great people there, conscious
about their task and willing to come to the position,
where they can hand over their work to others.[1]

TO BRING TO PUBLIC VIEW THE BEST, most intellectually
and visually stimulating work of artists.
To show works of art which will positively influence the
creativity of other fellow artists
To be welcoming for all people, including people who
previously have never had the privilege of art in their
lives.
To show art that is new.[2]

NOT MUCH.
Based upon passed performance.[3]

I HOPE (PERHAPS FOOLISHLY) THAT AN INSTITUTION WOULD
NEVER SAY:
That's a great idea, but out of our budget.
We'd really love to have something like (fill in the name
of a project you did ages ago).
I hope (perhaps foolishly) that an institution will
always say:
That's a great idea, do it!
We loved (fill in the name of a project you did ages
ago), but we'd love it even more if you could do a new
piece.[4]

I WANT TO SEE A NON-HIERARCHICAL WAY of showing works.
I am not waiting for a place for the future. It shouldn't
show a messianic presentation of the best and the
last technical supports but the present ideas and

behaviours. It should show the present way of thinking
and resolving present conflicts, without the colourful
flag of future promises.[1]

♟ What do you expect from an art institution of the
21st century?

♙ I WONDER IF A NEW MARCEL WILL APPEAR and cause to the
art of the 21st century what Duchamp did a hundred years
ago.[3]

♟ TO ANSWER YOUR QUESTION about art institutions in the
next hundred years, it would be much better to ask what
we expect of 21st century in general. If we would have
the answer to this question, we will have the answer to
yours. It would be nice to see what people on a turn of
the least century expected of 20th century. Surely not
two WW, several Balkans, Algeria, Indochina, Vietnam
Nicaragua, Falklands, Rwanda, etc, etc. Neither futurism
nor postmodernism. Therefore, leave the future to live in
peace. Just make it.[4]

♟ I EXPECT a contemporary institution to create
opportunities for discourse that extends the discipline
of contemporary art in insightful ways.
Projects, exhibitions, lectures, publications, etc. are
framed by the 21st century institution but do not have
to be contained physically in it's building. This allows
for a place to operate as a locus, and a catalyst, beyond
existing as a specific location for exhibitions. As the
perimeters of art practice expands so to must art
institutions.
I also expect this discourse about art to do more then
focus simply on a perceived "cutting edge" of
NEWER/YOUNGER. This is more marketing strategy then
programming. Instead there should be programming that

---

[1] ALBERTO BARAYA, Artist. [2] FRANÇOIS ROCHE, Architecte. [3] SUZANNE LANDAU, Chief Curator,
The Israel Museum, Jerusalem. [4] ZELIMIR KOSCEVIC, Chief Curator, The Museum of Contemporary
Art, Zagreb.

embraces the multiple "edges" of the complexly global
contemporary art community. Curators and
directors must be like critical explorers or detectives
looking for signs of life in unexpected places and
practices.[1]

⚥ THE SPECIAL DIMENSION of a museum of contemporary art's
operation is its contact with art at its birth, with
artists. This involves among other things recognition
of the breadth and endless diversity of the field of
contemporary art and supporting and showing this in all
its aspects – from the methods and techniques used for
creating it to courses of action and philosophies.
An essential part of the work of artists today consists
of experimentation, process and event, and the artist's

⚥ THE PRIMARY LOCI OF ART PATRONAGE are always on the
move. From royalty and the aristocracy in the C17 & C18,
to the merchants, museums, and art institutions of the
C19 & C20, to global corporations in the C21?
Where is our art institution? North, in the developed
world, or South, in the less developed world? In the
C21 the art institution will have the opportunity to join
with artists everywhere in guarding the conscience of art
by always widening and deepening our understanding of
what art can be, all over the world – or alternatively
it can convert into an old peoples home – many of them
will also be needed.[3]

⚥ GUARANTEE THE MEMORY of preceding centuries while
pioneering contemporary art.
Make a work of art exist in its day and age rather than
consecrate it after its death (to crystallize it in
other words) through "artist-public" interactions that
are more effective.
And above all, provide a dream by pushing the envelope
of an increasingly necessary virtuality (by playing with
technology and academism).[2]

---

[1] JOSEPH HAVEL, Artist and director of the Glassel School of Art, Museum of Fine Art, Houston.
[2] GILLES ROSIER, Fashion designer. [3] LANGLANDS & BELLS, Artists.

presence as a part of the whole. The museum of
contemporary art wishes to provide the prerequisites
for this.[1]

⚥ ANYHOW, from an art institution, in my point of view,
depends very much on what the institution has to offer
and making full use of it, pushing further the boundaries
that is already there. There are many avenues that an
institution is capable of but most of the time, not
knowing such capabilities exists. An art institution
does not only offer, but it is also a learning process,
working together with practitioners alike, developing
and constantly evolving.[2]

⚥ TO KEEP SHOWING THE BEST WORKS as museum always should
do.[3]

⚥ THE AIM of an institution in the 21st century must be
to consider art as a de-hierarchization of social values
and priorities. To ignore that we are and shall be
witnesses to multiple genocides in their most diverse
forms is a luxury that can last but a short time. Art
is an alternative material for a reading of the present.
It has to be seen as a barometer of the universal
outcries imposed by the inevitable reality of mass
destruction in favor of the strongest, which is and will
always be clearer, and which has already replaced any
other form of globalizing knowledge. Paradoxically,
the institution must favor art that is circumscribed
by its local and national human geography, a geography
that is united and disunited by language, by cultural
references and differences, by the genealogy of its own
conflicts, the art of each country, and in that very
way represent its entities as so many constellations for
a universal philosophical dialog. In doing that, the
institution must also allow contexts to go their way,
that is, the protagonists surrounding artists, without
worrying about critical rigor or monetary value, but

---

[1] TUULA ARKIO, Director General, Finnish National Galleries, Museum of Contemporary Art
KIASMA, Helsinki. [2] YVONNE LEE, Plastique Kinetic Worms, Singapore. [3] WOLFGANG TILLMANS,
Artist.

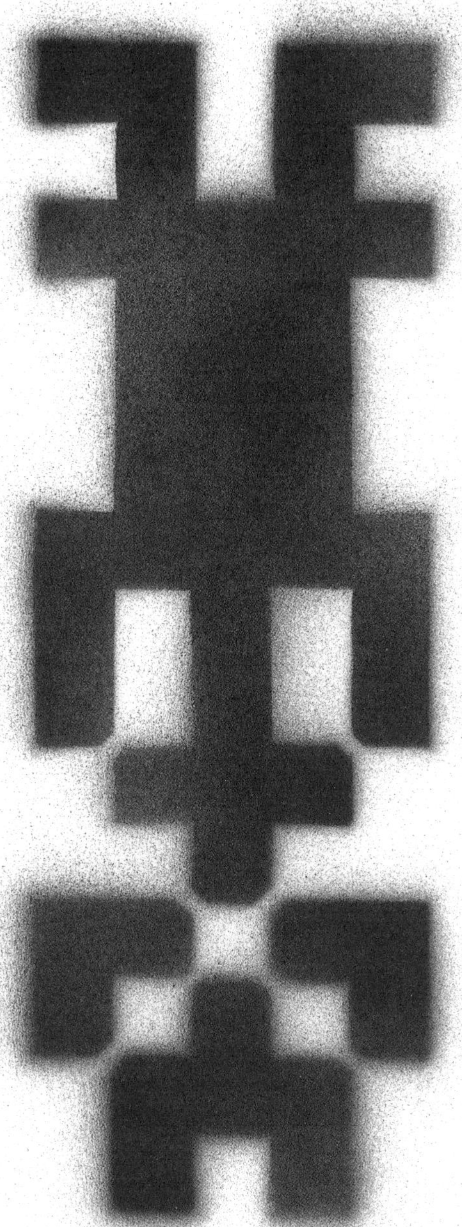

FELIX: the "WOW" factor.
Peace, tranquility, wonder.
Space, atmosphere, freedom to breathe, installations,
colours and questions.

SIMON: shock me, inspire me, feed me.[1]

rather observe it as a mass endowed with intelligence
so that perception of the islets of communication
spreads.[1]

⚲ IT SHOULD BE DIRECTED BY PEOPLE who are as avant-garde
in spirit as the artists it exhibits.[2]

⚲ WITH MODERNITY, the work of art was continuously
generating its venue or rather its own venues and
conditions of expansion and exhibition, in the plural:
the white cube and the in situ, but also the stage, the
street, the business site, the movie theater, television
and the media, the store, the advertising space, etc.
An art center adopting a "hard line," devoted to
accepting works that are different in spirit or in form
without being able to adapt to each of them and thus
unable to change? A de facto heresy. Ideally, an art
venue must be equal to the works it takes charge of.
It must boast an integral plasticity in other words.
If not, instrumentalization or a game of dupes.
I have few illusions as to the chances of success here.
Plus the constraints of the culture industry, which the
art venue would have no easy time getting rid of:
a not surprising amplification in the futile atmosphere
of a hedonistic fair where most art-a phenomenon now
underway-will in the end become a part of the category
of intellectually comforting commodities.[3]

⚲ SHALL WE BE UTOPIAN OR NEARLY SO?
A space:
Where artists and curators enjoy a symbiotic and/or
collegial relationship.
Where artists are therefore treated like partners
Where the deciders don't use wooden language and do not
do the opposite of what they declare.
Where artists are consulted about the direction a given
exhibition is to take.
Where theme-oriented and/or "problem" exhibitions are

[1] LAURENT DELAYE, Gallery director, London. [2] ISABELLE BALLU, Fashion designer.
[3] PAUL ARDENNE, Art critic.

not kept secret in such a way that artists have the
chance to propose their taking part, that their
propositions are considered without prejudice.
Where these themes or problems are truly treated and are
not just a cover for displaying the artists that one
wants to.
Where old, young and middle age have the chance to show
without discrimination, just as black, yellow, white,
women and men (with at least a semblance of parity),
known and unknown are displayed side by side, but where
French artists are given a place of honor.
Where the works of art are not considered solely
as merchandise.
Where the exhibitions are not standing at attention
before the market.
Where new technologies mix with traditional media
Where the Internet takes over.
Where a library of artists' catalogs and CD-ROMs
are available.
A place that is capable of finding sponsors to produce
works and catalogs in 3-4 languages.
A place that is capable of putting artists in contact
with people in research and firms using the latest
techniques.
A place that is capable of putting artists in contact
with other sites and foreign personalities and is capable
of organizing traveling shows.
A space for interdisciplinary discussions where artists
can find new ideas and meet personalities coming from
other disciplines (philosophers, psychoanalysts,
anthropologists, biologists, geneticists, cyberneticians,
etc.).
Where the public finds in each gallery texts in several
languages, simple but not simplistic, capable of
enlightening them as to an artist's approach.
Where artists and curators explain to the public.
Where places for resting, consulting, information
alternate with the exhibition galleries.
Where there are artists' and technicians' residences to
assist and/or advise.

Where artists are paid (like everybody else) to work and/or show.
Where the accounting system is transparent.
Where the programing has flexibility and can react rapidly to an exciting project.
Or it could be the same old same old.[1]

EVERYTHING. That's the small word that qualifies my immense hope concerning your project. Art is a fire that ravishes me, has ruined me (the money!), but which morally has enriched me immensely. The very idea that you can discover young artists without having to hop on a plane for New York, London, Berlin or Tokyo tickles me to no end and I would be so happy if we got out of the '60s! Oasis copies the Beatles. Angot imitates Duras. Fabrice Hybert turns to Warhol for inspiration, images have but one objective like starved shrews, they are looking for the general public. Happiness for me would be to find myself standing one morning before one of your walls and discover a fascinating painting or object. Spontaneously, despite years of visiting museums and galleries, I would like to have an unkind word to say, "Hey, that's new, that's beautiful, I want to look, to sit down." Let me be rid of that old collector's adage, "Hey, I like that. It must be shit." Art is getting outside yourself.[2]

MUSEUMS AND CONTEMPORARY-ART CENTERS ARE INCOMPARABLE TOOLS for the defense, promotion and diffusion of national or international contemporary art, but they are there above all to serve the public. On the threshold of the 21st century, a number of things are needed it seems to me, i.e., taking better account of the wishes of that public, be they newcomers or well-informed old hands, developing teaching initiatives, seeing to it that the institution is made a part of the community by associating art lovers and local decision makers with the life and management of the venue, and encouraging exchanges with other public or private structures.

---

[1] ORLAN, Artist. [2] GUILLAUME DURAND, Journalist.

While artistic experimentation and more generally the conception of new works of art can be considered in certain cases, all the same I think that the primary vocation of museums and contemporary-art centers is to present recent art in an accessible and lively way, thus providing the public with the keys that will afford them a better understanding of the diversity of that new art.[1]

♯ LIVELY, OPEN, CURIOUS, cultivated, explain, understand, seek, encounters, surprises, knock into one another, place to meet, reflect, exchange, involved.[2]

♯ LOTS OF SPACE, NOT OVERLY LARGE. Above all, walls, rather white, not too much light, dark areas, little glass. In several rooms overhead lighting, as in old museums. Long lobbies. Artists living and working in the museum and open to visits. An enclosed rooftop terrace. From the outside, a normal house. Restaurant with a large table, with a kitchen where one can watch the cook at work, even cook along with him. A library/multimedia center, rather than a museum shop (labels and brands), but shops with things that you can get nowhere else otherwise. Space for children, even when they come alone.[3]

♯ IT SHOULDN'T BE FROZEN or static and must take risks and transform itself and be endlessly on the go…
It must assimilate and mix all kinds of artistic expressions and be international especially…
It must promote the visibility and expression of all types of artists and must help creative individuals from different fields to meet and collaborate.[4]

♯ WHAT I EXPECT from an art institution today is that it offers artists the maximum chance of "meeting" with audiences of every persuasion: cultural, political, social, etc. And that in that encounter, artists and

[1] CHRISTOPHE DURAND-RUEL, Art gallery, Paris. [2] JOSÉ LEVY, Designer. [3] STEPHAN MÄDER, Architect. [4] MARCEL MARONGIU, Fashion designer.

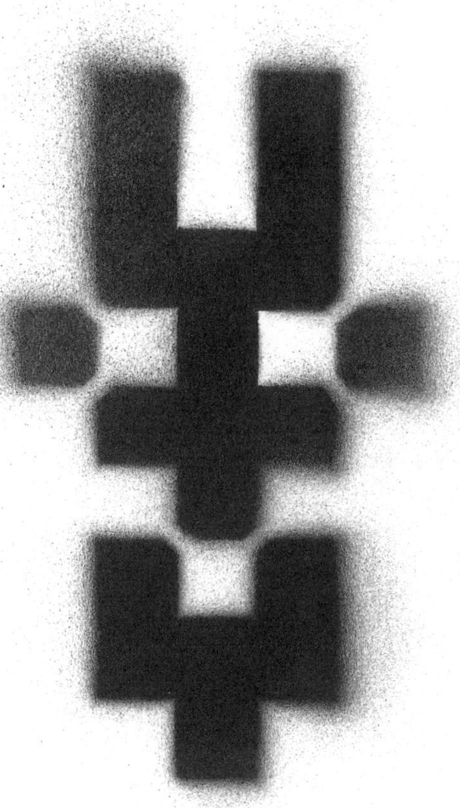

A PLACE to find common ground.[1]

---

[1] AGNES B, Fashion designer.

audiences be on equal footing. Thanks to the immediate dialog that might emerge from these encounters, I would like to develop new forms of communication. Because my work is an outlook on the links that different communication networks maintain among themselves, and the repercussions that an event (whether social, political or cultural) produces on those links. Moreover, I am seeking to develop new fields of experience which enlarge and intensify modes of contact and heighten the degree of sensation: more physical experience, more movement, time, noise.[1]

§ IT SEEMS TO ME THAT that idea of a site should be transformed into an experimental space that is a combination, a hybrid of meta-sites, activated and shared by meta-subjects.
- Knowing that a meta-site is what comes after the atelier and exhibition venue. Think tank-gymnasium. It is "instituted" (temporarily or permanently according to the contexts and the circumstances) by one or more meta-subjects. A simple meeting of meta-subjects can constitute a meta-site (for example, around a table: the table can become a meta-site). It is both a think tank-site and a site of pure activity; a gymnasium of thought and activity.
- And knowing that meta-subjects are what replaces the notion of the subject-artist, which replaces the experimental-ego, the extended and extending self. They are the gymnast-divers into the beyond-self. They are capable of what is foreign to them. Meta-subjects invent their position vis-à-vis art. They don't seek to create a new art, but rather another consciousness-it is that consciousness, that philosophy of existence that will determine the exploration of fluctuating forms of their art of living and doing, their praxis.[2]

§ AN INSTITUTION THAT IS LESS institutional and more fun.[3]

[1] TSUNEKO TANIUCHI, Artist. [2] JEAN-PAUL THIBEAU, Artist. [3] CÉCILE PARIS, Artist.

IN THE FIELD OF DESIGN, which is rarely represented in cultural institutions, it would be important for the institution to make possible:
The realization of a research-and-development project, accompanied by a training/information program.
The display of new projects (objects and their environment) to help a broad audience to discover the work of designers whose talent has been recognized and the new generation of international designers.
A wide diffusion of exhibitions based on different supports (audio, multimedia).
A genuine social and cultural analysis through the interaction of different artistic disciplines.[1]

MY DREAM ART INSTITUTION WOULD BE A LABORATORY-VENUE, independent of the market, the dogmas of fashion and bureaucratic apparatuses, where artists would have at their disposal the material and technical means for realizing large-scale projects, sometimes pluridisciplinary (collective arrangements of art expression), sometimes purely individual, selected with respect to the level of their ambition. This flexible working principle should banish both censorship and self-censorship and favor, on the contrary, inter-subjective emulation in order to lead as much as possible to the necessary conditions for aesthetic pleasure, not only for artists but also for viewers, co-operators.
…given the trends that currently dominate the field, I don't see how such an art and social institution could possibly take shape without calling those trends into question and without looking to go beyond them.[2]

THE 21ST CENTURY WILL SEE the end of the art centers-cultural fortresses. They will have to be like ships, always ready to set sail and cross the most varied of seas to encounter the world, continuously changing crew and passengers.[3]

[1] FRANÇOISE DARMON, Creative consultant. [2] JEAN-JACQUES LEBEL, Artist.
[3] ANGE LECCIA, Artist.

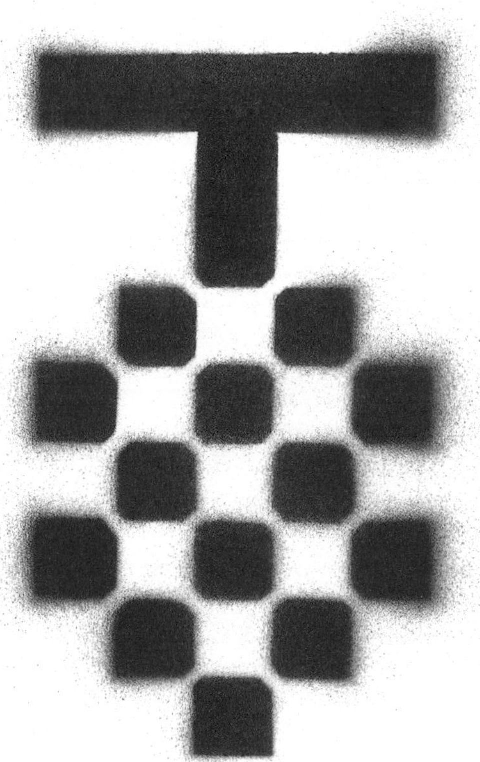

WHEN LEAVING THE 21ST CENTURY, please leave art venues in a better state than you found them coming in.[1]

---

[1] LAURENT BUSINE, Palais des Beaux-Arts, Charleroi.

⚲ IT SHOULD SHOW US ART OF THE 21ST CENTURY.[1]

⚲ LOOK BACK AND FORWARD SIMULTANEOUSLY. Challenge fashion
and accepted norms.
Ask whose history? Be reactionary. Don't use rhetoric.
Respect the audience.
Celebrate humanity. Avoid purity and provide context,
then occasionally celebrate purity to the exclusion
of all else. Confound all expectations. Sometimes anger
and frustrate.[2]

⚲ THE INSTITUTION OF 21ST CENTURY SHOULD BE LIGHT and
flexible enough to keep up with the most exciting ideas
and activities of contemporary artists critics and
curators. It should attract people from the most diverse
cultures, age groups and backgrounds.[3]

⚲ I HOPE THAT A CULTURAL institution(s) will be less and
less a bureaucratic institution that one has to work with
in spite of how really boring, time consuming and often
painstaking that is.
I hope that the art museums will be ever more attractive,
relaying not so much on the presentation of masterpieces,
but rather on the situational and contextual display of
artefacts. A visit in an art museum will be as
attractive, as a visit to a museum of science and
technology, for example.
It will be clear not only who did "what" and "when", but
also "how" and also how did he/she get the idea to do so
in the first place. And most importantly, it would have
to be clear why did he or she think that this particular
idea is so important, as well as how great they felt
when he or she realized that.[4]

⚲ AN ART INSTITUTION SHOULD BE A MELTING POT for many
different kind of free creative energies that are
independent from direct economical use. The artists
presented and supported by the future museum must not

[1] DENYSE DURAND-RUEL, Collector. [2] EMMA DEXTER, Curator, Tate Modern, London.
[3] HELENA KONTOVA, Editor. [4] IARA BOUBNOVA, Curator.

necessarily produce works in fine arts but can be scientists, filmmakers, essayists, journalists etc. working on a specific topic without aiming the results to be an economical success. To create a both public and protected workspace as a laboratory of different forms of live, art and theory will be as important in future than taking care of cultural memory.[1]

☖ THIS COMMENTARY COMES TO YOU from Berlin's institutional diaspora, where the commitment of museums or political authorities to contemporary art is still rather underdeveloped unfortunately. Beyond sumptuous appearances (costly architecture and overloaded infrastructure), an institution should create a functional space that is capable of making the best presentation of the current positions of contemporary art. Free of trends and fashions, this space must establish itself as a discursive platform for professionals. A 21st-century institution has to make sensitizing an "uninitiated" public to contemporary art a priority. To accomplish this task, an art institution must open up to and display a wide range of cultural mediations.
The tightly closed circle of art professionals must be broken, and the institution must serve as an intermediary for encouraging understanding of the language of art by the uninitiated. By taking these steps, the forum of contemporary-art enthusiasts will grow, bringing in new promoters, spokespersons, collectors and mediators.[2]

☖ I HOPE THAT THE CONCEPT of "Professional Artist" would be dispersed and bring more outsiders into the institutions.[3]

☖ STAFF DIALOGUE, debate and self-examination about art defines and creates new directions for an institution in the 21st century. Artists put themselves on the line

---

[1] ANSELM FRANKE, Kunstwerke, Berlin. [2] MATTHIAS ARNDT, Galerie Arndt & Partner, Berlin.
[3] KYOICHI TSUZUKI, Editor.

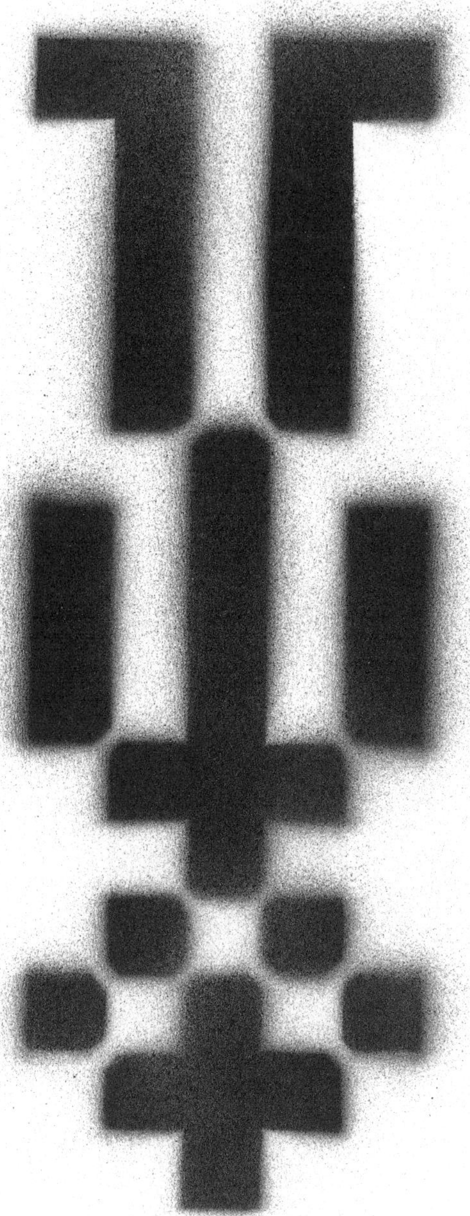

A BOAT FOR DISCOVERING THE WORLD, otherwise we'll have to swim.[1]

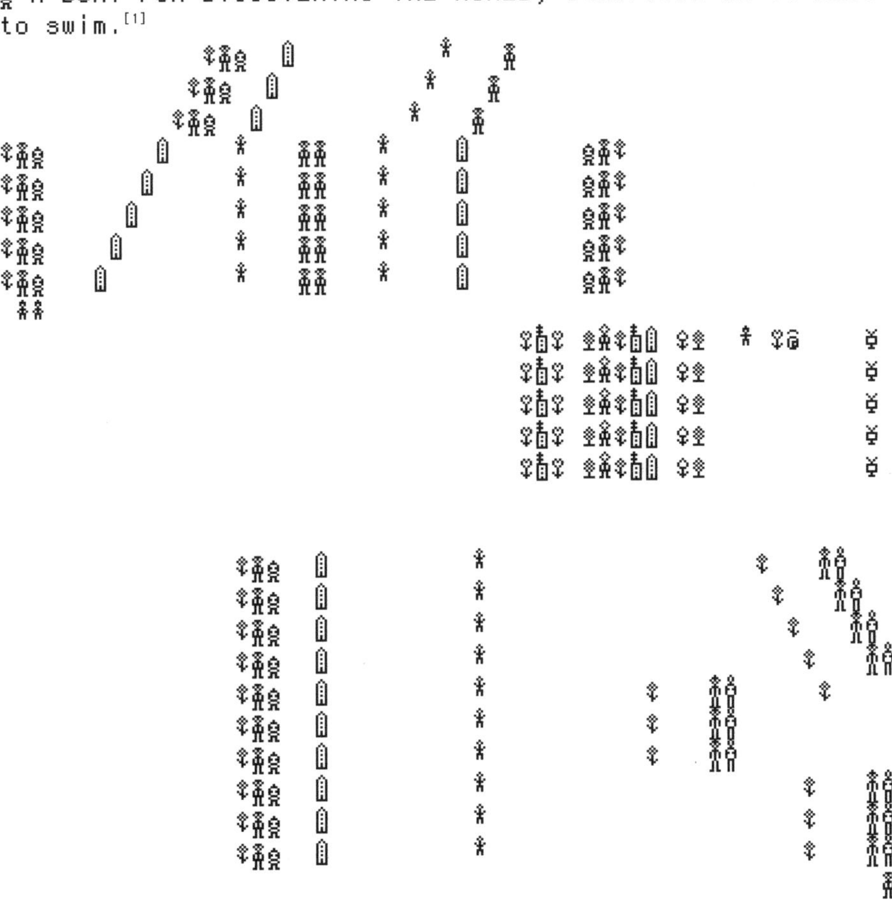

---

[1] MÉLIK OHANIAN, Artist.

everytime they put their work in front of the public.
Why shouldn't curators and directors?[1]

I HOPE THAT THE NETWORK SYSTEMS will be established
among institutions and galleries all over the world,
so that people can consult present, past, and future
catalogues of exhibitions/projects.[2]

PLASTIC ART OR ART IN GENERAL will be more and more
important in the 21st century. I hope and expect that
Art becomes to be able to see, talk, sense, experience
and participate in, for all the people.[3]

WHAT I EXPECT for the art institution of the 21st
century… For example, selection of the works are made
by vote or the works can be seen or (by purchased) by
pay per view… Institution itself can travel to other
spaces, or interested individuals can take part in the
activities of the institution, etc. Employing systems
like "Stock Option" or "Dividend" (the institution holds
50% of shares, etc.)… Promoting "right art" that
everybody can buy…
These may fit to the 21st century?[4]

I WOULD EXPECT FROM AN ART SPACE in the 21st century:
work from more than one artist unless it is a special
reason, plenty of natural day light and a relaxed
atmosphere, the Tate Modern put this to good use on a
large scale, it would be interesting to see if anybody
could do the same on a smaller scale.[5]

THE AIM WOULD BE TO ACT as the most creative filter
of all the arts. Surfing through the new art forms and
experiencing the future of art broadcasting for all.[6]

A PICTURE OF MYSELF.[7]

[1] PETER DOROSHENKO, Director, Institute of Visual Arts, Milwaukee. [2] SHIGERU BAN, Architect.
[3] LICA, 20471120, Designer. [4] MASAHIRO NAKAGAWA, 20471120, Designer. [5] SIE, DJ-Producer
label Pussy FOOT rc. [6] EMMANUEL DE BURETEL, President, Virgin Continental Europe. [7] BOOM
BASS, Cassius activist, Music producer.

♀ TO HAVE A VISION (which is a result of an understanding of the present);
To be an inviting choice among other recreational venues (such as nightclubs, bars, movie theatre, etc.);
To be an arena for ideas (beyond old disciplinary distinctions);
To create political and social awareness while engaging in an aesthetic discourse.[1]

⚥ THAT IS A PLACE OF INTERACTION between a public – of all types – and its activities. It should be like an enormous living library or resource where people can sample, discover, rest a while, and return. A place where the imagination can have free rein. Where all propositions are valid.[2]

☿ LAST NIGHT I HAD A DREAM…
1791 – In his "Considerations on the Arts of Drawing," Quatremère de Quincy said something to the effect that "in France, powerful institutions must be allowed to counterbalance natural conditions that are unfavorable to art."
21st century. That necessity appears just as justified today as it did then.
An institution that is a center of artistic creation, (co)-production and postproduction, that serves as a counterweight to the "whole heritage." A space where the plastic arts are in contact with music, fashion, design, graphic art, architecture, the sciences and literature.
A center that takes time to think, that avoids being caught up in the need to fill program slots, thus transforming artists into creators of projects on demand.
A center that pays artists, just as deejays are paid for their services.
A place where people like to come and spend some time, where they feel at home as in a lounge bar.
A place that isn't carried away "by the increasingly imperious developments of advertising and technocracy," as Jean Cassou expressed his fervent hope in 1973 when

the Pompidou Center was founded.
A place that is free, open to life, where visitors see
and feel works of art that will be remembered into the
next century.[1]

A PLACE THAT MAKES USE OF THE NET when it's stuck
for an idea.[2]

WHAT DO I EXPECT? To be able to surprise people, please
them (festive, accessible…), not put on airs (petits
fours, champagne and no money for the production of
artworks), not too intellectual of the pain-in-the-butt
sort, politically aware not actively angry (cf. artists
who run on about grants), give young urban culture a
certain amount of visibility (hip hop, electronic,
hardcore music, free party).[3]

WELL IT'S VERY SIMPLE…: I would like such a venue to
be a space open to EVERYONE, with the information that
such an institution demands! Not elitist and serious.
As an artist I dream of a "technical" workshop (i.e. a
venue for contemporary art that is a focal point drawing
together various activities) making technical material
available (computer, video, editing table, etc.), able
to help artists to realize their projects while remaining
a place to work, meet others, communicate. Let's see
what happens…![4]

FOR ME A VENUE for art and culture must be:
- interactive
- attractive
And I'm not just saying that, because I never go to see
shows because:
- I find that boring as hell
- too old
- too demanding
- too stuck up
I would like to be able to have fun and understand what

[1] CHRISTINE MACEL, Curator of contemporary art at the MNAM – Georges Pompidou Center, Paris.
[2] YVANE CHAPUIS, Critic. [3] CHRISTOPHE VIX, Journalist. [4] CATHERINE HELMER, Artist.

I'm doing there, not just have the impression of doing my homework.
I went to Stockholm's contemporary art museum and it was neat there, it was nice because it was big, open, easy and you could also sip a herbal tea while looking at the works of art… a bit like being at home.
It smelled nice too and there was music.
Voilà, I've only told you about the cosy aspect of the thing. That's because I'm an old lazybones.
As for what should be shown in my dream venue, that's not my job.[1]

⚥ A PLACE THAT TAKES A FEW MORE RISKS than the other current venues for contemporary art, really contemporary, a kind of artistic breeding ground run by the artists if possible, enough already with pseudo visionaries and art specialists… I would like to see generous, curious people, players on the current scene, behind such an undertaking.[2]

⚥ THE REPROACH THAT COMES immediately to mind is that art venues are often closed up, wrapped in a kind of religious veil that puts a certain distance between art and viewer, whereas for me art is something shared and is popular. So what I expect above all of an art venue at the dawn of the 21st century is that it is open, interactive, playful.
My second wish would be that such a place is intelligent and educative. The works on display should be indeed displayed from a certain angle, a certain outlook that is not necessarily from the point of view of the chronology of art, or an arrangement by schools but perhaps an arrangement by sensations or feelings (love, pain, joy, childhood, death and so on) and that choice should lead viewers to think about art in a way they might not have otherwise.
In terms of space, the layout of the venue, I like venues that are airy, with plays of different types of art that come together and create an atmosphere,

---

[1] CHLOE BARTOLETTI, Manager of Mirwais. [2] FRED LEBAIN, Photographer.

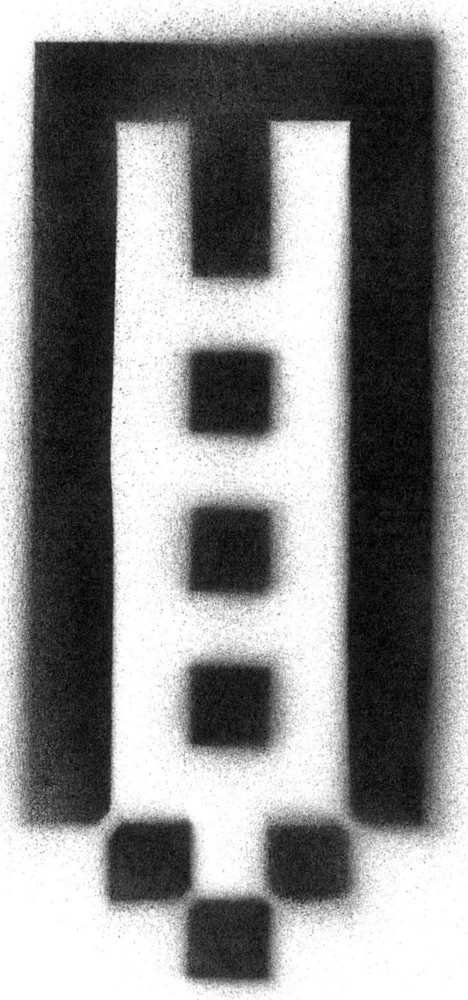

Å A TIMES SQUARE OF ART where everything is art is art
is art.[1]

[1] PATRICIA SOLINI, Head of plastic arts, Lieu Unique, Nantes.

interruptions in the corners or with different levels, plays of light, shadow, water… an inside/outside exchange that breaks down the borders between what is shown and what simply is and which implies that art is also outside, that it's everywhere you want to look.
Finally, I would like a place that welcomes changes, temporary exhibitions that would mix with the venue's works with an emphasis on the new technologies that would enable people to give graphic art, sound, the Internet a go….[1]

⚡ IT SHOULD BE OPEN LATE in the evening, every evening, as well as holidays.
- Contemporary art should be taken in the broad sense of the term: music, photos, cinema, music videos… and the shows should mix different forms of art.
Example: why not create musical atmospheres for shows?
- This museum should be a lively, convivial place: restaurant, bar, cinema for showing cult films, concept-store… Why not plan for a space concerts/show cases and parties?…
- You should be able to get an authorization to shoot films in such a venue without too much hassle…
- I should have the keys to the place one night each year so I can organize a candlelight dinner with my honey, alone the two of us in the middle of paintings by the masters…[2]

⚡ I'D LIKE TO SEE in this venue something other than the fashion minded, groupies and the well-heeled who in the end are not at all interested in what they're looking at, but in being seen with artists, only if they're already a little bit known or in fashion.
In a word, if this venue could show the work of new people without their having to be featured on the cover of hip magazines, that would be a great… and there'd be for sure many more things to see.[3]

---

[1] ARNAUD CHIARRAMONTI, Artists' manager, Columbia Sony. [2] ALEXIS KOLNIKOFF, Producer of music videos and commercials. [3] TURS#ONE, Independent graphic artist.

♟ IT SHOULD RECONCILE ME with a certain form of beauty, closer to the sun than the sewers, and should maintain a certain melancholic vein that is conducive to letting go, to the idea of casting off the moorings and getting lost in unknown lands from which you no longer want to return; and should finally sustain my wish to be won over for in no way should this venue be passive.[1]

♞ TAKE PART IN PROJECTS FOUND on the fringes of contemporary art: graphic design, fashion, publications, music.[2]

♝ AN IMPERFECT PLACE / a messy place / a place in the middle of a highway, Killiwatch, with young girls and moms, who don't go there as if they were going to the zoo or the circus / a place to rest (hence space and big stuffy sofas, very empty, where one can read or write, for tourists and students who are at the end of their rope, completely beat from walking so much—from there they'll send the decisive card to their lost friend, or finally find the ending for that damn scenario that seems to be going on forever).[3]

♜ IT SHOULD BE EXPERIMENTAL and completely open to new young artists.[4]

♙ BEAUTY.[5]

♚ AT THE START OF THE 21ST CENTURY?… I don't think, no more than I did 20 years ago, that art could save the world and me with it, that we should feel a twinge right here when faced with the authentic, like a revived pain, which the saliva in the mouth turns bitter, to feel a slight dizziness of abandonment… something like that. This venue should be open and lively, because art is; you know, I think that art is something of an almost indescribable nature, distant, ancestral and fleeting at

---

[1] THOMAS ERBER, "wandering revolutionary". [2] ANGELO CIRIMELE, Editorial Director of OFR, Edition and distribution of art books and reviews. [3] ALEXANDRE THUMERELLE, Publisher of OFR, Edition and distribution of art books and reviews. [4] STÉPHANE SEDNAOUI, Photographer, filmmaker. [5] MEDHI, Producer et deejay.

the same time, simply man's encounter with the sacred… with truth, for the voice of art is not truly one, if we disassociate it from truth. And we have to bear in mind all the same, truth has great weight, has arms that often wound and even lead to death… I am the servant of that truth and that form of art. Thus, it is time to open the doors of a venue that is "open" to every form of "true" and "living" art.[1]

♂ A PLACE WHERE ART BECOMES DEMOCRATIC: no more events, no more hype around the artist; a space where everything merges and where you would like to spend time.[2]

♀ I EXPECT AN ART INSTITUTION TO RAISE UP ART with a certain equilibrium and to do so to everyone's advantage.[3]

♁ IT SHOULD WELCOME without restriction all forms of Art and cultures.
It should be a truly free space for artists and visitors.
It must help artists and the public to develop their creative sense.[4]

♄ LIFE.[5]

♅ IT SHOULD MAKE ME FORGET the notion of time: second, minute, hour, day, month, year, decade, century.[6]

♆ IT MUST CONSIDER ARTMAKING AS A WHOLE.
It must break the constricting restraints that make art a mere plastic and aesthetic representation.
To do that, it must have the most subjective view possible of what art is today…
Paintings, Sculptures, Photos. Yes, but also Music, Advertisements, Literature, Sports, Gastronomy, Designs, Fashions, Automobiles… The list is not exhaustive.
Around these themes this institution must offer shows

[1] JULIAN DEMORAGA-LUNA, Artist-painter-singer-composer-writer-theaterer-stager-performer…. [2] DIANE GOLDSTEIN, Fashion designer. [3] TIPHAINE DEGUELLE, Fashion designer.
[4] EMMANUEL CHOLLET, Director of the Fiat Lux label. [5] JEAN-PIERRE KHAZEM, Photographer.
[6] PHILIPPE NOISETTE, Cultural journalist.

that are dynamic, alive and interactive.[1]

ART FROM OUT in the street.[2]

I WOULD EXPECT SUCH A PLACE to offer a good balance between leading design and warm interior, in order to bring together around the contents of its galleries art lovers who have earned their stripes, and newcomers, to whom art can often seem cold and uninviting.[3]

IT SHOULD BE EQUAL to William S. Burroughs when he declared at the nova convention (Geneva 1976) that "the future of writing is in space, not time."[4]

IT SHOULD OPEN BEFORE 31 DECEMBER 2100 and should never close its doors before 2 AM.[5]

ONCE UPON A TIME a 3000 m2 area, in which I came to see what was going on outside while being inside… This magnificent space even became my "So where are we meeting" place, it's true that the lounge was very homey, comfortable sofas, friends atmosphere, a multitude of magazines spread out along an immense wall and available to the public, a selection of Starbucks coffee (for me that'll be a caramel moccaccino), calm background music, a few computers so that I can check my mail, I'll stop because otherwise I could go on for hours. At the entrance it was written "site for contemporary art," I admit that the idea of entering a place devoted to contemporary art was making me flip a little. I imagined people, all of them naked, painting away, a nutcase with a length of tubing taking himself for Mozart, a machine which produces doodoo (what, that really exists!)… I would hope that a venue for contemporary art didn't frighten people off.[6]

WE EXPECT AN ART VENUE for the next century to democratize and make a minimal attempt not to remain shut

---

[1] MATHIAS DEGUELLE, Artist. [2] NATHALIE CANGUILHEM, Filmmaker, art director.
[3] DIMITRI FROM PARIS, Music producer, deejay. [4] YVES ADRIEN, Author. [5] RAPHAEL TURCAT,
Editor-in-chief of Technikart. [6] PEDRO WINTER, Entertainer, production manager of Daft Trax.

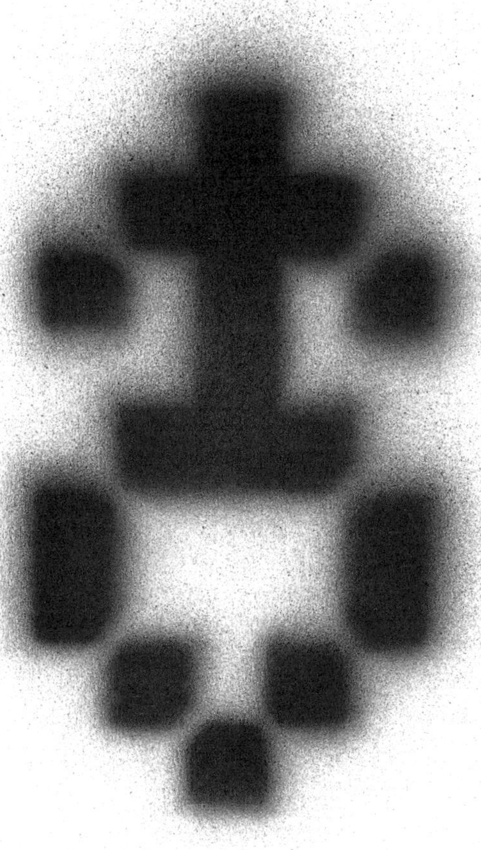

FIRST OF ALL, a supermarketbar, a townsquarehotel,
an airportdiscotheque, an apartmentbank, a home
studiogallery, a factoryrestaurant parkingcinema…
after a supermarketbartownsquarehotelairportdiscothequepa
rkingapartmenthomestudiobankgalleryfactorycinemarestauran
t… (c)life(ty) within.[1]

[1] DAVID TROTTIN, Architect.

up in the art-world ghetto. It should open up to new
forms of creativity, whether they are coming from out in
the street or not, and should leave room for a creative
mix. In a word, this venue should provide many artists
with the means to express themselves there, and the
people who will be deciding who does what should be
intelligent, open-minded and simply cool.
Also, the gallery people should remain charming and
refined when cracking down on drugs because that doesn't
always make you especially lovable.[1]

I EXPECT TO SEE from such a venue the complete and
final destruction of art so that art becomes optional and
people can finally go on to something else (eroticism?).
Let's call this venue "club panico." Moreover, I expect
the same thing from a library. It should consume itself
like the library of Alexandria, it should burn.[2]

PEACE AND NOISE, more, more and your life before you.[3]

mArt (money/art).[4]

TO BE TRUE TO ART; to illuminate and celebrate its
dynamic and critical relationship with life.[5]

I DON'T HAVE ANY EXPECTATIONS. Not in Art, not in the
Institutions. Institutions should be made around the work
that the artists are doing at the time, and it is hard to
know what this work will look like. To program or build
an institution from an "ideal" system of cultural
production is always more related with power structures
than with reality. Reality in Art it is made everyday and
it is unpredictable, and the artist work hard to make art
unpredictable. Successful institutions are the ones that
follow the artist, and not the ones that expect the
artist to follow them. In every country exist different
necessities, it will be important to abandon the

[1] THE MJC, Organizers of art events. [2] ARIEL WIZMAN, Father (worried about the new
generation). [3] THOMAS GIZOLME, Graphic artist, art director. [4] BENOIT MÉLÉARD, Designer,
shoe designer. [5] DAVID ELLIOTT, Director, Moderna Museet, Stockholm; Director, Designate Mori
Art Museum, Tokyo.

promotion of the "ideal" international institution and to concentrate on local demands and necessities depending on the economical situation of the country. I wish that all the artistic institutions, in every country, were radically different, so every time I visit them I get challenged with a new situation, and do not feel that art and its space is trying to be the same everywhere. That is depressing.[1]

※ ANY ART INSTITUTION in the 21st century should recognize that it is nothing but could and should be everything. In three words, Shoppertainment is the "new cultural ideal". The church back in the Middle Ages sold salvation; made you feel you didn't have to acquire things. Later, the museum replaced the church and gave us the opportunity to acquire self-knowledge. Today, shops have replaced museums. Their manifesto is very simple: shopping is art. Shoppertainment is the satisfaction you get when you go shopping. The entertainment is not in the spending. The entertainment is when you return home, believe what you bought offers you some knowledge, some salvation, quenched your thirst, and fulfilled your desires; but more often than not, you're not certain it has. So you go back to the shops the next day and spend more.
Ultimately, all art institutions must choose between behaving like fast food manufacturers, turning themselves into fast art exhibitors or denouncing such fashionable notions and instead proclaiming that certain art is never for sale-the art of life itself. They should fundamentally continue to debate what is authentic and what is karaoke in our culture. They should not try to authenticate the karaoke world we already live in. An art institution should be ruthless in bottling the laughter of our genius and open its doors to the bathroom of our minds.[2]

※ VERY GOOD QUESTION IN FACT. I think an 21st century art institution should not be a museum. Not a warehouse with art on the wall, not the guardian of a Priceless

[1] GABRIEL OROZCO, Artist. [2] MALCOLM MCLAREN, Artist.

Collection. It should first and foremost be a place to learn. A communicative, open space where one is incited to actively search for new impressions which may change the way you think. A meeting-place for ideas about art and audiences that are attracted to art. It should avoid at all times the language and codes of the artworld's incrowd, but also heed for populistic wind-making. A joyfull place, where humour is welcome. And it should not be too big.[1]

♀ IN 1937, WHILE EUROPE SAW THE RISE of fascists systems and, in their wake, intolerance and the its well-know eradication of art, modernity and "cosmopolitanism," the Palais de Tokyo was built, with its two wings that are jointly independent and symbolically open between the Seine and the sky. From the first this venue was devoted to art and contemporaneity without borders.
With its integrity regained at last and an energetic potential formidably redeployed, every kind of development is now ready to take off in the excitement of new adventures – the adventures of artists first and foremost. With new risks, new turbulence, accelerations, decelerations, vertigo and drifts, gliding, global and surely unexpected.
Beacons? Quick.[2]

♂ THE IDEA I HAVE of an art institution prompts me almost mechanically, maybe even a little dishonestly, to expect nothing at all a priori from such an institution – to expect nothing because indeed only the surprise effect, the discovery of the unexpected, is of the first magnitude. I would like such an institution to be as little institutional as possible, going against the obligatory passages, the beaten, well-marked trails. Obviously, this institution must be a venue that welcomes and discovers every type of avant-garde from every creative and geographic direction. An open space, open to the debate of ideas and encounters between artists and

[1] ANTOINETTE REERINK, Journalist-correspondent in France of the Dutch newspaper Algemeen Dagblad. [2] SUZANNE PAGÉ, Director of the Musée d'Art moderne de la Ville de Paris.

the public, but also to creative individuals from different spheres, literature, music, film, whose discourse readily fits into this venue. A venue that is convivial as a matter of course, crisscrossed by the world's activities, a kind of exchange where every active intelligence meets.[1]

☥ SIMPLE EXPLANATIONS for normal people.[2]

☥ EXHIBITIONS OF COURSE. And special viewing rooms…
with all kinds of experimental films to watch. And also
a great big bookshop filled with modern-art books…
with all kinds of experimental films on sale.[3]

☥ I HOPE THAT SUCH A VENUE shows me the art of today but
not in a form that is self-sufficient and fueled by
references to itself. I hope that it shows me that art
by contrasting it with other forms of art and culture as
well as the social reality we are experiencing now.[4]

☥ THAT IT IS INSTANTANEOUSLY TRANGRESSIVE, shifted, poor,
under-staffed, politically-incorrect; that it annoys,
destabilizes, disturbs; that it is funded outside the
political field but that it is integrally part of the
city; that it does not fetishize the space and that it
remains on a human scale. Roll on the 22nd century![5]

---

[1] JEAN-MARIE DURAND, Journalist. [2] H5, Graphic artists. [3] GASPAR NOÉ, Filmmaker.
[4] MARIA DE CORRAL, Director of the Collection, Fundacio la Caixa, Barcelona. [5] AMI BARAK,
Director, Frac Languedoc-Roussillon, Montpellier.